托幼一体化（0—6岁）艺术类教材

中国学前教育研究会教师发展专业委员会
婴幼儿照护服务研修基地 研究项目

美术基础训练（二）

王海东　李群　主编

托幼一体化（0—6岁）艺术类教材

上海教育出版社
SHANGHAI EDUCATIONAL
PUBLISHING HOUSE

内 容 提 要

　　根据早期教育、学前教育专业的教学特点,本套教材分为两册。《美术基础训练(一)》包括六个章节,涵盖平面形画、素描、色彩、图案、简笔画、速写等内容。教材内容由浅入深,从基本的造型训练开始,既有传统的、区别于美术专业的素描、色彩,又有适合于学前教育专业的简笔画,立足于学前教育专业对美术基础知识的需要。《美术基础训练(二)》包括五个章节,涵盖线描、卡通画、版画、中国画、美术作品鉴赏等内容。教材内容中的美术鉴赏部分区别于传统的美术史课程,从作品出发,打破编年史的传统,使史论课变得生动有趣。

　　本套教材每个章节分别从课程介绍开始,由简到繁,讲述美术基础课程的绘画步骤、基本原理,再延伸到在幼儿教学中的实践应用,鼓励推陈出新。章末添加了此课程在学前教育中的应用,贴合学前教育岗位要求。

　　教材选编作品难易程度、形式、风格各异,对拓宽美术知识面、促进艺术修养的全面提升起到了积极的作用。

　　由于学前教育专业学习期限长短不一,有本科(四年制)、大专(三年制)、幼儿师范院校(三年制、五年制)等教育体制,学校的特点有异,各校对课程的设置与教材内容的安排也有所不同,因此,本教材设置了不同的难易程度,以供使用者选择。

　　总之,本套教材内容系统且丰富,基本涵盖了早期教育、学前教育美术基础课程的内容,教材可供普通高等院校、幼儿师范院校、职业教育院校的早期教育、学前教育专业使用,也可作为广大美术爱好者的补充学习资料。

丛书编委会

主 任　郭亦勤　马　梅　缪宏才

副主任　贺永琴　蒋振声　袁　彬

编　委（按姓氏笔画排列）

本书编委会

总　序

我国"三孩"政策和相应配套与支持措施的实施,必然带来新生人口的增长。在我国学前教育已经取得显著成果之时,人们对0—3岁婴幼儿早期教育的需求与期待明显增强。

中国学前教育研究会教师发展专业委员会针对我国托育事业发展状况与趋势,充分认识到国家、社会、家庭对婴幼儿照护的重视与需求必然推进托育事业的大发展,而婴幼儿照护专业人才的培养、培训,建立一支有素质、专业化的早期教育师资队伍就势必成为关键问题。针对我国高专、高职院校2009年开始设置早期教育(0—3岁)专业,并在2010年产生第一个早期教育专业点,随之一些高专、高职院校根据社会需求,迅速开办并推进早期教育专业点建设的情况,教师发展专委会于2015年、2016年先后召开了早期教育专业建设研讨会、早期教育课程与教材建设推进会,积极组织全国有关专家学者,与已经开设和准备开设早期教育专业的高专、高职院校相关负责人共同深入研究并制定了早期教育(0—3岁)人才培养方案,组织华东师范大学、北京师范大学、广州大学、天津师范大学、哈尔滨幼儿师范高等专科学校、福建幼儿师范高等专科学校、贵阳幼儿师范高等专科学校等院校和国家卫生健康委员会(原国家卫计委)有关部门的专业人士及学者,组成了早期教育专业课程与教材建设专家委员会,建立了由部分幼高专和卫生、保健、营养等专业人员组成的早期教育专业教材编写委员会领导小组。2017年开始组织专家、学者、专业人士围绕早期教育(0—3岁)专业核心课程进行研究,并编写了系列教材,目前已经由上海科技教育出版社出版发行十余本。

2019年以来,国家加大了对托育事业与婴幼儿照护专业队伍建设的指导与规范。2019年5月《国务院办公厅关于促进3岁以下婴幼儿照护服务发展的指导意见》(国办发〔2019〕15号)颁发。紧接着在2019年5月10日,国务院以"促进3岁以下婴幼儿照护服务发展"为主题,召开了政策例行吹风会。教育部办公厅等七部门在《关于教育支持社会服务产业发展提高紧缺人才培养培训质量的意见》中提出,每个省份至少有1所本科高校开设托育服务相关专业。2020年5月,国家卫健委出台《婴幼儿辅食添加营养指南》;10月,中国疾病预防控制中心就婴幼儿喂养有关问题作讲解;同月,教育部回应政协委员关于早期教育和托育人才培养如何破局,提出在中职增设幼儿保育专业、幼儿发展与健康管理专业,指出将继续推动有条件的院校设置早教专业,扩大人才培养规模,推进"1+X"证书制度试点。国务院办公厅2020年12月印发《关于促进养老托育服务健康发展的意见》。国家卫健委在2020年10月12日公开向社会征求《托育机构保育指导大纲(试行)》意见的基础上,于2021年1月12日印发了《托育机构保育指导大纲(试行)》(国卫人口发〔2021〕2号)。各省市也纷纷出台了落实《国务院办公厅关于促进3岁以下婴幼儿照护服务发展的指导意见》的实施细则或办法。这些政策与措施极大地推进了我国托育事业和早期教育师资队伍建设。据2019年统计,全国高专、高职早期教育专业点有100多个,学前教育专业点约700个,幼儿发展与健康管理专业点约250个。

针对全国院校早期教育专业迫切需要进一步加强专业课程与教材建设的呼声,中国学前教育研究会教师发展专委会在早期教育专业启动编写第一批核心课程系列教材并已陆续出版发行的基础上,于2019年组织已经开设早期教育类专业的高等院校教师、研究人员,联合国家卫健委系统的卫生、营养、保健、护理、艺术等专业人士,共同启动了早期教育专业第二批实践、操作类和艺术类教材的编写,由上海教育出版社出版发行。

此次出版的系列教材提供给已经或即将开办早期教育专业的高专、高职院校师生使用,也适合托育机构教师、早教领域、社区早教管理和工作人员使用,早教类相关专业(如保育、营养与保健、健康管理等)也可以参考和选择使用,同时也为高校本科、中职与早教相关专业提供参考。由于全国早期教育专业建设与发展存在不平衡,师资队伍力量不均衡,建议根据本院校、本地区实际情况,在早期教育专业人才培养方案的指导下,合理选择确定必修课、必选课、任选课的课程与教材。

从全国来讲,早期教育类专业起步至今仅十余年时间,无论是理论还是实践上,与一些成熟专业相比都存在较大差距。虽然我们从教师发展专委会角度力求整合全国最强的力量,给院校早期教育专业建设与发展提供更科学与实用的教材,但是由于教材的一些编者研究深度不够,实践经验不足,能力和水平有限,一些教材不可避免地在某些方面存在问题,请读者批评指正。非常期望在我们推出这两批早期教育专业系列教材的基础上,能有更高水平的专业教材不断产生。

这批教材的主编由高等院校骨干教师和部分省市的骨干医生承担,编者多来自开办或准备开办早期教育专业的高等院校。在此对他们付出的辛勤劳动与贡献表示衷心感谢! 对提供各种支持与帮助的领导、老师、朋友们致以诚挚的谢意!

中国学前教育研究会教师发展专业委员会

叶平枝

2021 年 5 月于广州大学

前　言

　　美术基础训练是学前教育专业十分重要的一门课程,本书通过介绍美术的基础知识以及学前美术教育的基本原理和美术学科的基本技能及方法,从而具有从事幼儿园美术教育活动、布置幼儿园环境的基本能力,提高艺术素养和审美能力。

　　绘画是人类文明历史进程中的一项重要内容。绘画以直观的视觉方式展现人类的精神和情感世界,其丰富的视觉形式使人们的创造力及想象力得到充分的体现与展示,使人们在观赏中获得美的享受与体验。以古希腊、古罗马等西方文明为源发展而来的西方绘画,以中国、古埃及等东方文明为源发展而来的东方绘画,被视为世界上主要的绘画体系。它们在工具、材料及表现形式上各具特点,互相借鉴,互相影响,对人类的文明进步作出了巨大贡献。随着社会经济与科学技术的不断发展,特别是信息技术的快速发展,不同地域之间民族文化的交流趋于频繁与快捷,在客观上将人们的生活置于一个多元的文化情境之中。不同文化之间的交流、碰撞使人们采取一种包容的心态,思想更加活跃,追求更加个性化的表现,并有机融入现实的社会文化情境,以适应历史发展的要求。

　　美术基础教学的目的是为其后的绘画创作活动奠定必要的专业基础。绘画作为基础性学科,从广义的角度看,涉及面较广。美术基础教学的目的是使学生通过学习过程逐步形成基本的视觉造型能力,在画面视觉形式组织、构架表现中彰显出非凡的创造性和想象力,以此获得绘画基础课程所要求的表现能力。在实际教学中,为了达到教学目的,需要借助于某些操作性强的途径,让学生围绕造型来理解、认识、把握其规律性,感悟形式构成中的节奏感与韵律感,用具象或抽象的视觉语言表现来提高造型能力,认知基本的工具、材料、技法与形式意味,感悟其内在的精神及情感意蕴。

　　教材编写具体分工如下:第一章由王会娟、司桐溦、张馨心(衡阳幼儿师范高等专科学校)编写;第二章由李群、由志保、王文婷、李志华(天津市幼儿师范学校)编写;第三章由杨敬波、倪伊甸、南存义(温州市中等幼儿师范学校)编写;第四章由杨幼梅、汪琳钰(福建幼儿师范高等专科学校),李靖、陈璟、林澔(福建融侨杰座幼儿园)编写;第五章由赵丽娜(保定幼儿师范高等专科学校),李群、由志保、王文婷、李志华(天津市幼儿师范学校)编写。

　　本教材在编写过程中,吸收和借鉴了数位一线教学教师多年来的宝贵经验和实践成果,并听取了专家、同行提出的宝贵建议。由于编者水平有限,教材的编写还存在许多不足之处,希望大家在使用过程中提出宝贵意见并斧正,以便今后进一步修改。此外,还要特别感谢各方给予的支持与鼓励。

编　者

2022 年 7 月

目　　录

第一章　线描···1

　第一节　线描的概述···1

　第二节　线描植物的画法···10

　第三节　线描动物的画法···15

　第四节　综合线描创作···20

　第五节　线描在学前教育中的应用··24

第二章　卡通画···28

　第一节　卡通画概述···28

　第二节　卡通画的特点与技法···31

　第三节　卡通画在幼儿园中的应用··38

第三章　版画···41

　第一节　版画的概述···41

　第二节　纸版画的特点及其制作技法···43

　第三节　木刻版画的特点及其制作技法··47

　第四节　丝漏网版画的特点及其制作方法···51

　第五节　版画在学前教育中的运用··55

第四章　中国画··60

　第一节　中国画概述···60

　第二节　中国画工具材料···71

　第三节　工笔画的特点及技法···74

　第四节　写意画的特点及技法···81

　第五节　儿童水墨画的特点及技法··98

　第六节　中国画在学前教育中的应用···103

第五章　美术作品鉴赏···119

　第一节　中国画作品鉴赏···119

　第二节　西方美术作品鉴赏··128

后　　记···139

第一章 线 描

第一节 线描的概述

教学目标：能够了解线描、线描的起源与发展,掌握线描的分类；能够完成点、线、面的创作,以及运用点、线、面的综合创作；能够挖掘观察能力和发现美的能力,培养热爱大自然、热爱生活的情感。

教学重点：线描三大元素的特点及创作技巧。

教学难点：点、线、面的综合创作技巧。

一、线描画

在字典中,"线"与"描"是两个分开的字,"线"的单独释义是指几何学上一个点任意移动所构成的图形,"描"是指依照原样摹画或重复地画。什么是"线描"? "线描"一词,根据语义我们可以理解为用线条描绘。线描是指用线条的变化来描绘对象及其形体结构的绘画方式,是我国传统的绘画方式之一。综上所述,线描的具体释义是：用线条来描绘对象(通过线条的疏密、浓淡、轻重、曲直、长短来描绘对象的外观、体积、动作、形态等)。在具体的线描画创作中,我们往往辅以点、面等元素的描绘。

线描是绘画中常用的一种表现形式,创作者既可以用细腻的线条对物象进行描绘,也可以用粗犷的线条对物象进行简单的艺术处理(图 1-1-1)。线描既可以塑造物象的造型,也可以表达创作者的情感。

图 1-1-1 线描创作 唐航驰

线条最能概括提炼事物的外形轮廓,既很"抽象",又特别"具体"。线描画能激发和发散创作者的思维,突出体现点、线、面的设计感。外形方面,线描画追求归纳与简括、对称与均衡的艺术表现,创作者用方形、圆形、三角形、菱形等多种外在形态的变化,使艺术创作在整体设计上既对称又均衡；内部结构方面,则体现在创作者对内在脉络的添加处理上,如疏密排列、粗细结合、曲直变换等。

二、线描的起源与发展

线描的起源可追溯到人类的远古时期。有研究指出，线描是人们在生产和生活中发现与创造的。在人类早期的活动中，人类本能地将线描作为记录生活的最简便、最直接的方法。早在仰韶文化时期，先民就用线条在山洞的岩石上刻画出狩猎的图案和野兽的形象——岩画，就是原始的线描画，简单、质朴、粗犷。

人类运用线描的形式记事、传递信息、记录生活、观察大自然。从古代到现代，从国内到国外，从普通人到艺术家，从记录生活的洞穴岩画到艺术家特意为之的艺术作品，都体现了线描在人类生活中的重要性。同时，生动的线描作品也取得了惊人的艺术成就，成为人类绘画艺术史里的瑰宝。例如，东方陶器上的线描（图1-1-2），古希腊的瓶画（图1-1-3），中国画白描（图1-1-4），西方速写（图1-1-5），等等。

图1-1-2　旋纹彩陶双耳尖底瓶

图1-1-3　黑纹式双耳陶罐

图1-1-4　《送子天王图》（局部）（传）吴道子

图1-1-5　《达·芬奇自画像》（局部）　达·芬奇

（一）中国线描的发展

线描在我国有悠久的历史，从原始图腾寥寥几笔的质朴线描到辉煌时期婀娜多姿、遒劲有力的中国画白描，线描在我国的绘画历史上起着举足轻重的作用。可以说，线描是中国艺术面向世界的代表。中国古代的画师们对线描的运用已经到了登峰造极的境地，他们通过线描描绘祖国山河，抒发个人情感，发挥了其独特的艺术魅力。从唐代吴道子的《送子天王图》，到清代《芥子园画谱》，无不显示出了中国线描的独特气韵。

线描是中国画造型的基本语言，要画好中国画首先要画好线描。回望中国绘画史，可以说，中国绘画史是一部线描的发展史，线描是东方艺术的表现特征与代表性艺术形式。

春秋战国时期出现了两幅有名的帛画,分别是战国楚墓出土的《人物龙凤图》(图 1-1-6)及《人物御龙图》,在这两幅画中已经能看到不同快慢、轻重的线描了。

魏晋南北朝时期的线描造型比较单纯,出现了几位著名的画家——顾恺之、陆探微、张僧繇,他们把线描画得风韵多彩,各有千秋。尤其是顾恺之的《洛神赋图》(图 1-1-7),其线描秀润柔劲、圆润流畅。"顾恺之之迹,紧劲连绵,循环超忽,格调逸易,风趋电疾,意存笔先,画尽意在,所以全神气也。"这是唐代绘画理论家张彦远在《历代名画记》一书中对顾恺之线描的评价。陆探微与张僧繇的线描对象也被后人评价为"形神俱备,各成一体"。

中国画白描发展到唐宋时期,已经有人称之为"线描"了,尤其是被称为"画圣"的吴道子,其线描能力已出神入化,能生动地运用线描表现动感与厚度感,并且线条均匀流畅,代表作有《送子天王图》(图 1-1-8)等。《送子天王图》线描潇洒流畅,落笔生风,人物衣带飘飘,好像随风飘扬,好不惬意。此外,阎立本的线描也具有代表性,其作品苍劲、雄浑。

图 1-1-6 《人物龙凤图》(局部)

图 1-1-7 《洛神赋图》(局部)(传)顾恺之

图 1-1-8 《送子天王图》(局部)(传)吴道子

北宋之前,虽然有吴道子、阎立本等著名画家,但他们的画法各成一派,白描技法还没有一个完整的体系,直到北宋时出现了李公麟。李公麟不仅把中国画中的白描独立出来,而且创造了新的白描技法,如行云流水般出神入化。同时,他的白描题材也更加广阔,除了人物、花鸟,还有山水等。李公麟的《五马图》(图1-1-9)尤为著名,此画中的五匹马线条流畅生动,将马的风骨表露无遗。可以说,李公麟是北宋最擅长运用线条的画家了。

自宋元以后,中国画逐渐从人物题材向花鸟题材转变,并对线描进行了大胆的革新。但在明清时期并没有太大的变化甚至式微。

到了近现代,中国画线描逐渐受西方艺术的影响,一部分沿袭古典中国画的白描,另一部分则发展成现在的线描画。我们现在所说的"线描"其实是素描的一种,它不同于传统的白描技法。因为现在的"线描"不仅仅表现了人物或者物体、景物的造型,有时也表现了它们的透视和立体感。传统的线描技法为用线疏密、虚实变化,容易学习和即兴创作,大多出现在工艺美术中。

综上所述,线描画在中国经历了上千年的发展历程,经过历代艺术家对线描技术孜孜不倦地研究与创造,留下了无数精妙的作品,成为世界绘画史中一颗耀眼的明珠。虽然各个朝代的线描风格各异、各有特色,但都体现了自身所处时代的审美与潮流,更体现了我国绘画的文化精髓,在世界美术之林中独树一帜(图1-1-10)。

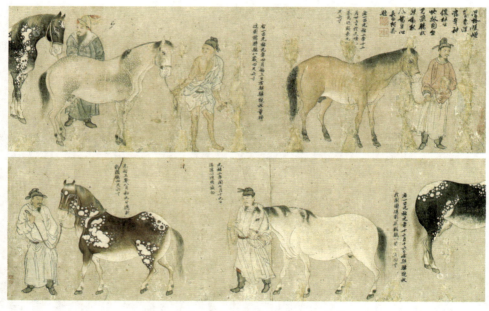

图 1-1-9 《五马图》(传)李公麟

图 1-1-10 中国特色线描画

（二）西方线描的发展

在旧石器时代，西班牙北部的洞穴中就出现了线描壁画。与中国古代对线描（白描）的称呼不同的是，线描在西方通常被称为速写。由于生活方式与行为习惯的不同，东西方线描表达的方式有着本质的差别。在西方绘画中，线描的主要功能是界定物象的轮廓，呈现物象体积。

在西方的铜版画中，出现了较多的线描的艺术形式，其以细密的线条为主要造型手段，通过排线疏密来控制画面明暗，艺术效果细腻、严谨、精致，并能组织非常柔和丰富的明暗色调。其中，以丢勒的版画为代表。丢勒版画中的线条把物体的明暗关系表现得非常强烈，体现了很强的视觉效果。

中世纪西方壁画中的线描勾线略软，以垂线为主，节奏突出。文艺复兴时期至20世纪，西方线描主要是为素描服务。西方线描经过了从古典科学拥护的严谨性到现代科学中提倡的力学美，以及从客观分析到主观意象的转变。近现代的艺术家用个性化、赋有个人情感的线条来充实自己的作品。例如，现代西方绘画大师马蒂斯的手稿（图1-1-11）、毕加索的作品（图1-1-12），等等。

图 1-1-11 《马蒂斯手稿》 马蒂斯

图 1-1-12 《雕塑家》 毕加索

20世纪的西方线描，主要是抽象派的创始人康定斯基和蒙德里安扛起的，他们以纯粹的点、线、面作为艺术语言创作作品（图1-1-13、图1-1-14）。21世纪的艺术家，则用更自由的线创造出纷乱繁杂的艺术面貌。

图 1-1-13 《结构·之八》 康定斯基

图 1-1-14 《红、蓝、黄构图》 蒙德里安

总的来说，西方线描重形，东方线描重线。西方与东方，在各类美术作品中的线描是各有特点的。

三、线描画的工具材料

（一）线描画的工具

线描画的绘画工具比较简单，能在材料表面留下痕迹的工具都可以用来画线描。例如，木棍、石头、毛笔、鹅毛，等等。到了工业时代，线描工具就更多了，如常用的铅笔、钢笔、签字笔、记号笔、马克笔、圆珠笔、碳铅笔、木炭条、针管笔（图1-1-15）等。

用软硬、粗细不同的绘画工具绘制线描，能在材料上留下不同的线描痕迹，增加线描画的视觉效果。除了笔，各种刮刀在蜡纸上刮出的不同线条印痕效果也不同。

图1-1-15　针管笔

图1-1-16　美术用纸

（二）线描画的材料

广泛来讲，只要可以留下线描痕迹的地方都可以用作线描画的材料，如绘制壁画的墙壁、地面、木板等。我们在日常教学中用到的线描材料一般是纸张，如卡纸、复写纸、色纸等美术用纸（图1-1-16）。需要注意的是，不同粗细、光滑的纸面呈现的绘画效果是不同的。

四、线描画的元素

除了白描、速写，我们现代所讲的线描一般是指线描装饰画。现代线描画的元素除了线，还有点和面。处理好点、线、面的关系，是画好线描画的关键。

（一）点

1.点的概念

在美术学科中，点多在对比中出现，是一个相对的概念。例如，把一个篮球放在一张小桌上，它就显得很大，类似于面；而把篮球放在球场上，它就显得很小，就变成了点。可见，点的概念是相对的，是比较出来的（图1-1-17）。

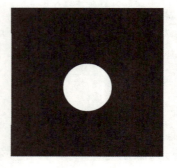

图1-1-17　相同的点在不同大小面上的呈现

2. 点的特点

点在人们的印象中,一般是小的、圆的,实际上这是一种刻板印象。因为现实生活中的点是各式各样的(图1-1-18、图1-1-19),有规则的,有不规则的。天空中的星星,大片稻田里干农活的人,空阔大路上的一辆小汽车……这里的星星、人、车都成了不规则的"点"。而那些外形非常严谨,一看就是三角形、圆形、方形的点,就是我们说的规则的"点"。

图1-1-18 树上的点1

图1-1-19 树上的点2

(二)线

1. 线的概念

在美术学科中,线是有长度、有宽度、有感情的。生活中的线也是多种多样的(图1-1-20、图1-1-21),如成片稻田的边沿,从森林中穿过的高速公路、红旗杆、自行车轮、蜘蛛网等。

图1-1-20 生活中的线1

图1-1-21 生活中的线2

2. 线的特点

线条作为一种神奇的符号,大体可分为直线和曲线两类。直线可分为垂直线、水平线和斜线,曲线可分为几何曲线和自由曲线。此外,曲线还有弧线、波浪线、螺旋线等多种样式。

3. 线的情感特征

绘画作品中线的形态是无限丰富、千变万化的。线条表现出来的节奏、韵律、美感都是呈现给观者的一种艺术品质、一种情感表达。当然,不同的线有着不同的情感特征。

(1)直线:具有男性的特征,有力度、稳定。

(2)水平直线:给人遥远地平线的感觉,较为平静(图1-1-22)。

(3)垂直线:刚正不阿,体现严肃、正直(图1-1-23)。

(4)斜线:体现上升、危险、速度。

（5）折线：体现紧张、锋利、不安。

（6）曲线：体现柔和、优雅、温柔。

（7）波浪线：活泼、不规则,有节奏感。

（8）粗直线：有厚重、笨拙的感觉。

（9）细直线：有尖锐的感觉。

图 1-1-22　水平直线　　　　　　　　　　图 1-1-23　垂直线

（三）面

1. 面的概念

一般认为,面是点的聚集和线条的增粗。

2. 面的特点

在美术学科中,无数的点和线的集合形成了面。美术学科中的面体现了体积与轮廓,它通过明暗虚实、位置大小来表达。

五、线描画的特点、种类

（一）线描画的特点

一般来讲,一幅线描画里面包含了成千上万长短、粗细、轻重不一的线条,这些线条通过不同方向的排列组合最终形成了我们需要的线描画,达到了丰富的视觉效果。同时,由于使用材料、描绘手法的不同,也会使线描画产生不同的效果。

由于线条的流动和灵活特性,当创作者绘制一条线时,可以以线条的流动来表达此刻的创作心情。线条既容易流动,也容易严谨。在一些线描画中,线条的变化和严谨会同时存在,如唐卡艺术。

（二）线描画的造型

一般而言,线描画呈现在观者面前的是黑、白、灰的造型方式,创作者运用线条的排列组合（具有极强的装饰性）来进行创作,造型简单、明快、活泼,一般体现了创作者的造型能力、想象力与创造力。学习者可先进行线描练习,然后创作自己的作品,这样有助于启发思维,从生活的原型中找到艺术创作的源泉。

从艺术特征上来分,艺术家们把线描分成了三种类型,分别是写实性线描、表现性线描和抽象性线描。

（1）写实性线描：运用线描技术客观描绘物体的真实面貌,主要体现写实性。

（2）表现性线描：运用线描技术,采用夸张、变形等手法,对客观物象进行表现性的描绘,体现了创作者的想象力与创造力。

（3）抽象性线描：运用线描技术,把客观对象抽象化成符号,主要体现了创作者的主观感受。

六、线描的基本技巧练习

（一）基本技巧练习——点的练习

先在白纸上画好九宫格，在每个格子里画上不同数量、不同排列的点（图 1-1-24），随着点的增多，画面呈现出不同的效果，从疏到密，有着不同的表现力。

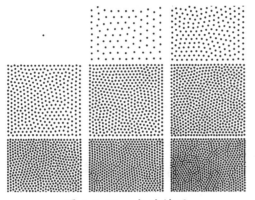

图 1-1-24　点的练习　　　　　　　　图 1-1-25　线的练习

（二）基本技巧练习——线的练习

线描画强调整洁、干净。因此，初学者在基本线条练习方面必须下大工夫。

最初，学习者可以用不同的笔在纸上随意地进行线条绘画，感受不同的笔带来的不同线描效果。然后，可进行排线练习，反复一排排地绘制不同方向的线条，感受排线的效果。最后，采用九宫格进行线的练习（图 1-1-25）。练习时，手用力要均匀，速度要均匀，线条的间距要有规律性，行笔要稳，线条不可出画框。开始时，可慢速练习，不可一味追求速度，画出来的线条要如行云流水般流畅；其后，可以采用灵活多变的练习方式，进行直、曲、弧、折、不规则排列，通过多次反复练习，慢慢掌握线条创作技法。

（三）基本技巧练习——面的练习

很多初学者可能认为面不需要练习，这种想法是错误的。如果一幅线描作品中只有点、线会缺乏重量感，看不出主次，点、线、面的搭配才会让画面更加丰富，突出主次。如图 1-1-26，画面中面的面积变化，让画面产生了不同的视觉体验。

点的结合形成线，线的结合形成面，点、线、面的相互穿插和组合形成了不同的疏密变化，于是产生了多变的纹样，进而产生了变化多端的线描画。

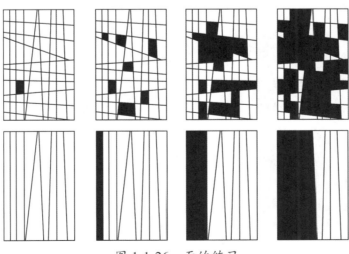

图 1-1-26　面的练习

学习线描应注意的问题：

1.线条要流畅，一气呵成，不要断断续续。

2.用笔速度与力道要均衡，控制好手腕。

3.线与线连接的地方不要交叉，不要有缺口。

4.注意线条的排列，大小、长短、曲直。运用点、线、面作为表现手段来描绘物象，学会运用添加、变形、重复等装饰手法，灵活处理画面。

5.画面要疏密得当，黑、白、灰比例要恰当，可采用留白等方式让画面"疏可走马，密不透风"。

6."将错就错"，要艺术化地加工和完善看似画错的部分，将原图修饰完美。另外，线条落笔和行走要保持缓慢、放松和流畅，一定不要急躁、生硬和太"飘"，更不能因为反复修改和涂抹让画纸变脏而失去美感。

七、思考与练习

1.思考线描画的界定方式，谈谈线描画对幼儿思维发展有哪些帮助。

2.进行练习：点的练习 10 张；线的练习 10 张；面的练习 10 张；点、线、面的综合练习。

参考文献

[1]向家富,杨林.美术基础[M].长沙：湖南大学出版社,2016.

第二节　线描植物的画法

教学目标：能够了解不同种类植物的特征，掌握线描植物的表现手法；能够运用不同的表现手法，完成线描植物创作；能够挖掘观察能力和发现美的能力，培养热爱大自然、热爱生活的情感。

教学重点：线描植物的表现手法和线描植物的绘画步骤。

教学难点：线描植物的表现手法。

在人类生存的地球上，植物和我们的生活紧密相关。植物不仅扮演着重要的角色，而且点缀了人类的生活环境，使我们的大自然更加丰富多彩。植物，会令我们联想到蓬勃向上、积极顽强的生命力。那么，如何把大自然中丰富的植物描绘在纸面之上呢？其实，可以通过线描的形式进行表现。

一、线描植物概念

线描——绘画中的主要造型手段，通过基本的点、线、面等元素，抓住物体的主要特征，来表现物体的特色、体积与质感。线描植物就是利用点、线、面等元素，运用概括、简化、夸张、写实、重组等手段，体现所描绘植物的形态与特征，达到形神兼备的效果。想要完成一幅优秀的线描植物作品，首先要了解植物的结构、特征与形态，发现规律并总结规律，才能够为之后的线描创作打下基础。

二、植物的种类与特征

地球上植物的种类复杂且多样，不同的科属之间有很大的区别，结构、形态和特征也各不相同。要想快速抓住植物的特点，把植物描绘得惟妙惟肖，观察植物的结构和形态就显得尤为重要。因此，在绘画中，我们可以根据不同种类植物的不同特点，把植物进行大致划分，不同大类的植物有不同的特征。

（一）乔木

乔木是人们常见的植物（图1-2-1、图1-2-2）。树木主要由两部分组成：树干和树冠。树木具有以下特点：通常树干较直，树冠离地面距离比较远；树干遵循从上到下逐渐变粗的规律；树冠可以用几何形状概括，如三角形、圆形、方形等；树枝隐藏在树冠当中，呈现上密下疏的规律。

图1-2-1 乔木

图1-2-2 乔木树林

（二）灌木

灌木不同于乔木，一般为阔叶植物，人们几乎很难看到灌木有明显的主干。灌木比较矮小，近地面生长（图1-2-3、图1-2-4）。灌木枝叶紧凑繁密，树冠靠近地面且具有较强的体积感，通常呈现出球体或方体等形状。

图1-2-3 灌木1

图1-2-4 灌木2

（三）蕨类

在一些无光照的阴暗潮湿角落经常可以看到蕨类（图1-2-5、图1-2-6）植物的身影。蕨类植物叶子大多形状较细长，末端比较尖，呈细小锯齿状。

图1-2-5 蕨类1

图1-2-6 蕨类2

（四）藤类

藤类(图1-2-7)是攀爬在其他物体之上的一类植物,如爬山虎。它们通常有细长且柔软的茎,不能独立和竖直生长,必须攀附于其他物体,如墙壁、树木等支撑物。藤类叶子独立,叶片稍大,形状也大不相同,有的有果实。

图 1-2-7　藤类

三、线描植物的表现手法

线描作为一种绘画手段,可以呈现出不同的表现效果。我们可以采用多种形式进行线描植物创作。除了运用基本元素概括对象,我们还可以采用简化、夸张、创新、联想、变形等形式辅助创作,产生不同的形式和效果。常用的植物线描创作方法可概括为:极简画法、写实画法和创意联想画法。

（一）极简画法

极简画法(图1-2-8),顾名思义,就是用最简单的线条,快速、形象、生动地把所描绘的植物勾勒出来。极简画法的主要特点是"简",能够把复杂的变为简单的,把抽象的变为具体的,把具体的变为概括的。同时,极简画法必须能够准确把握描绘对象的特征,也可以对某些特点进行适当的夸张。极简画法可以使我们在短时间内快速抓住植物的形状和基本特征,对植物的样貌和轮廓进行概括和取舍,将植物活灵活现地描绘出来。

图 1-2-8　极简的植物线描　司桐澉

（二）写实画法

写实画法,即用线描的形式表现植物真实的形象,描绘植物的原始样貌和真实细节,达到与所描绘对象基本相符的艺术样态。如图1-2-9,创作者细致地描绘出繁复的花蕊以及叶脉、层层重叠的花瓣等,能够表现出物体的动态与体积、遮挡关系以及折叠关系等。写实画法能够栩栩如生地再现描绘对象的原本样貌、结构和细节,还原真实的物体,可以作为记录生活的一种艺术手段(图1-2-10)。

图 1-2-9　写实荷花线描　司桐澉

图 1-2-10　写实玫瑰花线描　司桐澉

（三）创意联想画法

创意联想画法不同于写实画法，它将所描绘对象通过联想变形、主观意向、提炼组合等形式创作出来。

联想变形是选择两种或两种以上的物体联想并组合在一起的艺术创作方法，所选择的物体可以是不同种类，但要有共同的本质特征和一定的内在联系。如图 1-2-11，将两种不同种类的花拼接成一朵，然后通过写实的手法表现出来，对物体原本形态进行一定的变形。主观意向是创作者通过加入主观的情感，对所描绘的植物进行一定的取舍或突出的创作方法。例如，截取描绘对象的某个特点并加以夸张和

图 1-2-11 创意花卉线描 司桐澈

放大，舍去其他细节；着重突出画面意境；加入点、线、面等元素强化画面风格。提炼组合是把复杂的物体简单化，把具体的细节抽象化，并把所归纳出来的元素加以合理地重组和重构的创作方法。创意联想画法可以使画面更加活泼生动，增加趣味性，也可以使画面的个性化特色更加强烈，设计感更强。

四、线描植物的绘画步骤

（一）了解所画植物的结构与特征

在落笔之前，我们首先要进行仔细观察。通过观察，我们才能够了解植物的结构与特征，对所描绘对象有一定的认知。地球上的植物多种多样，每种植物的特点又各不相同。我们只有了解并分析所画植物的结构特征才能够更好地完成一幅线描。

例如，玫瑰花主要的特征就是层层花瓣有秩序地包叠在一起，密集而有序。玫瑰花的叶片呈扁长椭圆形，两头较尖中间较圆，叶片边缘呈锯齿状。玫瑰花的花茎较细长，上面带有细小的刺。在画玫瑰花时就要注意其独有的、不同于其他花卉的典型特点，并能够准确描绘出来（图 1-2-12）。

再如，松树的叶子多呈细针状，较硬，并且具有两针为一束、三针为一束或五针为一束的特点。松树的外形酷似一个三角形。在描绘松树时应抓住这些特点，并且突出表现这些特征（图 1-2-13）。

图 1-2-12 玫瑰花

图 1-2-13 松树

（二）观察并确定绘画角度

"横看成岭侧成峰，远近高低各不同。"站在不同的角度观察对象，所看到的内容也就完全不同。因此，选一个合适的角度也很重要。我们要根据自己画面中所想表现的内容以及所想表达的情感，来选择一个最适合的角度进行描绘。

例如,图 1-2-14 是倾斜俯视的角度,而图 1-2-15 是完全俯视的角度。图 1-2-14 的多肉植物大体外轮廓呈半圆形,并且它的花瓣存在遮挡关系。图 1-2-15 整个多肉植物的外轮廓可以看作一个圆形,每片花瓣几乎能够呈现在我们的视野之中。

图 1-2-14　多肉植物 1　　　　　图 1-2-15　多肉植物 2

(三)用基本元素概括对象

线描的基本元素包括点、线、面。"点"就是各种形态的点。"线"的变化则比较多,如直线、曲线、折线、水平线、弧线、波浪线,等等。"线"也有深浅、粗细、虚实的变化。"面"则包括圆形、方形、三角形的面等。创作时,应用点、线、面等基本元素概括对象。

(四)合理的运笔程序(图 1-2-16)

1. 进行绘制前,要先进行构思然后起草大轮廓。先准备一张光滑且干净的素描纸和粗细不同的铅笔,根据构思的风格挑选粗细合适的笔,根据构思的内容起草构图。用铅笔轻轻起草,注意构图及比例关系,并绘制出大轮廓。勾画轮廓时要抓住荷花的外形特征,可多绘制几张草稿,最终挑选出最满意的花的轮廓。

2. 画好大轮廓后,可选用合适的勾线笔先把荷花的轮廓勾画一遍,并认真、细致地刻画细节,一个个区域分别刻画。

3. 可运用画线、加点、涂面等形式填充各个部位,来体现花的体积感与前后遮挡关系。填充时,要根据荷花的结构和部位来选用不同粗细、方向、疏密、形状的线条来表现,并运用粗细不同的线条相互穿插,让画面产生线条的变化之美。同时注意,线描画并不是线条画得越多越好,有时因为线条太多、变化太多会使得物体与物体、结构与结构之间拥挤不堪、层次不清。这时要适当"留白",使其既有区别又有层次,画面错落有致、富有变化。

图 1-2-16　荷花线描步骤图　司桐澈

4. 整体对画面进行调整,权衡画面布局是否合理、画面主题是否突出、是否有主次虚实之分,对不足之处进行修改、丰富和调整。

五、思考与练习

任选一种线描植物的表现形式,完成一幅植物线描写生。要求:合理安排构图,画面完整。

参考文献

[1]何家富,杨林.美术基础[M].长沙:湖南大学出版社,2016.

第三节　线描动物的画法

教学目标: 能够了解不同种类动物的特征,掌握线描动物的表现手法;能够运用线描动物的不同表现手法,独立完成线描动物创作;能够挖掘观察能力和发现美的能力,培养热爱大自然、热爱生活的情感。

教学重点: 线描动物的表现手法;线描动物的绘画步骤。

教学难点: 如何运用线描的不同表现技法创作线描动物画。

一、了解线描动物

(一)什么是线描动物

线描动物是线描画中的一类,即创作者把动物作为主要描绘对象,以线作为主要造型要素,并辅以点或面,运用夸张、想象、写实等手法进行绘画的艺术形式。动物的种类很多,它们或灵动、或可爱、或凶残、或柔顺,千变万化,富有生命力。线描可以用它独有的魅力将动物或写实、或夸张地展现在观者面前(图1-3-1、图1-3-2)。

学前教育美术活动中的线描动物画是发展幼儿创造力、想象力的重要途径,通过画出有趣、新颖的动物造型,激发和诱导幼儿感知动物的形状和结构,有利于右脑的发育。

图 1-3-1　线描兔子　何秋萍　　　　　　　图 1-3-2　线描鹿　张蕾

(二)动物的种类与特征

自然界的动物种类繁多,它们不同于植物的"盘根性""静态性",它们能感觉、可运动,具有"捕食性"和"动态性",有自身的生活习性。天上飞的、水里游的、地上跑的,动物的形体特征和运动规律各不相同,掌握动物的形体特征是准确绘制线描动物的关键。在绘制之前要对动物进行观察和了解,找出其主要特点,运用不同的创作方法进行艺术表现。

1. 飞禽类动物

飞禽类动物主要外在特征：全身覆盖羽毛(图 1-3-3)，长有翅膀，身体呈流线型，前肢有翅羽，后肢有尾羽，适于栖止，大多数能飞翔，嘴巴长短不一，但特征明显。绘制飞禽时要突出其羽毛与嘴巴的特征。

图 1-3-3   鸟

2. 走兽类动物

当我们说起走兽类动物时，首先想到的可能是老虎、狮子、野狼等大型动物，而忽略了老鼠、刺猬等小型动物，它们一般身体表面有毛，四足，有锋利的尖牙，基本在陆地生活(图 1-3-4、图 1-3-5)。

图 1-3-4   仓鼠   图 1-3-5   老虎

3. 爬行类动物

爬行类动物的主要代表有蛇、鳄鱼、蜥蜴(图 1-3-6)等。爬行类动物的皮肤表面通常有角质鳞片或盾片覆盖。

图 1-3-6   蜥蜴   图 1-3-7   海洋中的鱼

4.海洋类动物

通常我们所说的海洋类动物是指海里的鱼虾蟹类,但其实海洋动物种类繁多,而且它们的形态结构可以有很大的差异(图1-3-7)。

二、线描动物的主要方法及步骤

(一)线描动物的主要方法

在创作动物线描画时,通常可以采用夸张、拟人、变形等形式。常用的方法可概括为三种:概括夸张法、动物拟人法和写实表现法。

1.概括夸张法

顾名思义,即概括夸张动物的主要部位、主要特征,并将动物的各个形体部位尽量概括、简化成三角形、长方形、圆形等基本形体,突出细化主要部分,非主要部分则尽量简化。在概括和夸张的过程中,要注意突出动物的主要特征,同时也要符合动物的基本结构。作画时,一般先概括、夸张地绘出动物的基本形,再运用点、线、面等造型元素进行描绘,注意用线要简洁、肯定(图1-3-8)。

2.动物拟人法

动物拟人法,即采用拟人的手法,将动物按照人物的动作、表情、形态和着装来进行刻画。在刻画的过程中,采用夸张、变形等手段突出拟人化特征,使动物形象更加生动、可爱,更加贴近人类生活(图1-3-9)。

图1-3-8 鲨鱼 张蕾　　　图1-3-9 乌鸦 朱逐艺

3.写实表现法

写实表现法,即创作出的线描动物与实际外表特征相似。虽然在线描的过程中要写实,但也要注意作画时,对线条的处理应有长短、粗细的变化,不能过于单一。通过不同线的疏密结合来表现动物的不同部位特征,线条的方向要适当根据对象的生长规律来表现,注意不同的动物要采用不同粗细、轻重的笔法和线条来表现。例如,刻画毛茸茸的仓鼠等小动物宜使用细、短、柔的线条;刻画老虎则宜使用锐利、粗的线条;刻画鸡则使用长短线结合(图1-3-10)。

特别注意:运用写实表现法时,一定要掌握动物的形体各部位比例特征,尤其是动物的头、躯干和四肢等。

图1-3-10 鸡

以线描大象为例(图 1-3-11),艺术创作时应注重各部位的比例特征。

概括夸张法表现的大象　罗梦瑶　　　动物拟人法表现的大象　　　　写实表现法表现的大象

图 1-3-11　线描大象的各种技法

(二)线描动物的主要步骤

了解了动物线描的基本方法,接下来我们进行动物线描的绘制。

1. 确定主题、内容

案例:《狮子》线描创作。

2. 根据主题、内容搜集素材

打开网络搜索引擎,搜索狮子图片,找到适合的参考图并保存到电脑中,随时参考使用(图 1-3-12)。

图 1-3-12　狮子

3. 构思,起草大轮廓(图 1-3-13)

进行绘制前,先准备一张光洁的素描纸和粗细不同的铅笔,根据构思的风格挑选粗细合适的笔,根据构思的内容起草构图。注意用铅笔轻轻起草,注意构图及比例关系,并绘制出大轮廓。勾画轮廓时,要抓住狮子的外形特征。可多绘制几张草稿,最终挑选出最满意的狮子轮廓。

图 1-3-13　起草、打形

在轮廓内按照狮子的结构画出合适的线条(图 1-3-14),注意每部分的大小、高低应穿插、错落,让整体看起来不会呆板,而是显得灵动活泼,并运用不同的线条将每个区域封闭起来,分割成不同大小的部分。

图 1-3-14 勾画外形

图 1-3-15 添加细节

4. 添加细节,填充花纹、图案

画好大轮廓后,可选用合适的勾线笔勾画狮子的轮廓,并认真、细致地刻画细节,运用画线、加点、涂面等形式填充各个部位,也可以进行黑白处理。填充时,创作者要根据狮子的结构和部位选用不同粗细、方向、疏密、形状的线条来表现,并运用粗细不同的线条相互穿插,让画面产生线条的变化之美。同时注意,线描画并不是线条画得越多越好,有时线条太多、变化太多反而会使物体与物体、结构与结构之间拥挤不堪、层次不清。这时,要适当"留白"、涂黑成面或点成面,让物体与物体之间、结构与结构之间既有区别又有层次,使得画面错落有致、富有变化(图 1-3-15)。

5. 添加背景

根据主体添加合适的背景,注意背景的前后穿插、遮挡关系,一定要突出主体物。背景只是陪衬,起到突出主体的作用。

6. 整体修改、调整

根据画面的整体效果,权衡形象是否准确,布局是否合理,形象关系、虚实是否和谐,主题是否突出,对不足之处进行修改、丰富和调整(图 1-3-16)。一幅好的动物线描作品,首先应是一幅完整的作品;其次,主题突出,动物形象生动,背景可圈可点;再次,线描的黑白灰关系明确,画面干净、整洁。

图 1-3-16 添加背景图案、调整

(三)动物线描写生

1. 动物线描主题创作

线描写生生活中常见的动物,根据不同的种类进行分段练习。如第一阶段可选择简单的鱼类进行绘制训练;第二阶段可选择飞禽类进行绘制训练,画前先观察鸟类的翅膀与嘴等部位的特点,分析其形体结构;

第三阶段可进行难度稍大点的走兽类动物的绘制训练,画前注意观察其躯干与四肢,可边观察边画,要有耐心,切忌急躁。

进行动物线描制作时,应发挥想象力与创造力,不必照着动物的原样绘制,可根据其特点运用夸张、变形等手法进行创作。这样既可以画出动物的特征,又可以使其形象更生动有趣。

2. 动物线描拓展

用不同的笔和纸表现不同线描动物的形态特征,观察、分析不同动物的形态和特征,选择不同种类的动物进行写生;根据动物线描写生稿进行简单的创作练习。

教师选取一些动物图片,引导学生对动物线描进行学习和理解,进行动物线描拓展练习,以及动物线描局部拓展练习。

3. 线描动物创作要点

(1)确定主题,搜集素材。(2)根据构思,挑选合适的勾线笔,勾画出主体轮廓。(3)添加主体与背景的图案,突出主次关系。(4)整体调整,注意处理画面的黑白灰关系。

三、思考与练习

1. 如何把握正确的动物造型?

2. 你认为线描动物画对幼儿思维发展有哪些好处?

3. 以"母亲与孩子"为主题,创作一幅线描作品。要求:以动物为主体,突出母子之情,搭配植物、农场等背景,添加装饰。

参考文献

[1]向家富,杨林. 美术基础 [M]. 长沙:湖南大学出版社,2016.

第四节　综合线描创作

教学目标:了解综合线描,掌握综合线描的分类;能够运用综合线描的创作方法,独立完成综合线描的写实创作、装饰创作、创意创作;能够挖掘观察能力和发现美的能力,培养热爱大自然、热爱生活的情感。

教学重点:综合线描的分类和创作方法。

教学难点:综合线描的创作方法;综合线描的绘画步骤。

一、什么是综合线描

综合线描创作综合了动物、植物或人物、风景等元素,比较复杂。创作者要凭借自己的经验水平来组织画面,确定构图,并对生活有细致入微的观察,如春风夏雨、秋果冬雪、方圆扁平等。总的来说,创作综合线描画要具备细心观察、大胆表现的特质。

综合线描画与植物、动物等单纯性线描有些许差别,体现在形象更丰富、变化更多样、构图更复杂等方面。对画面中不同形象的处理要区别对待,在变化中求统一,构图要突出主体、体现均衡,运用整体布局和事物的形态对比等方式来达到均衡。总的来讲,综合线描画比较灵活自由,没有固定的模式,一般画面给观者的感受为虚实结合、错落有致,能做到让观者感到舒适即可。如图1-4-1所示,创作者以人物为主,以动物、植物为辅加以装饰。

图 1-4-1 综合线描

二、综合线描的分类

（一）写实性综合线描

写实性综合线描意在所绘制的对象要与实物一样，要真实地表现客观自然中的某种场景，主要是对现实场景的一种再现。在线描写生中常用写实性综合线描，是创作者用来选取素材所用的一种方法（图 1-4-2）。

图 1-4-2 写实性综合线描

图 1-4-3 装饰性综合线描

（二）装饰性综合线描

装饰性综合线描不同于写实性综合线描对客观自然的再现，它主要是依据创作者的主观感受和对形式美法则的理解，运用夸张、变形、简化、抽象和有序的点、线、面的排列让画面产生装饰的美感，富有节奏和韵律。装饰性综合线描常运用于装饰画。在创作手法上，通过点、线、面的组合，突出画面主题，抓住物体的主要特征，删繁就简，高度概括，力求达到具有强烈冲击的装饰性效果（图 1-4-3）。

（三）创意性综合线描

创意性综合线描主要是依靠创作者的想象力，运用夸张、想象等手法对规定的主题进行创作。创作者常对创作对象进行想象，运用夸张、变形等手法进行线描表现，根据设计原理进行拆分、组合，从而呈现出一个多元化的线描创作。

在创意性综合线描创作中，主要是突出作品的原创性、创造性，不局限于传统的线描写生手法，而是敢于将复杂的组合通过自己的创造进行重新表现，赋予对象新的定义。创意性综合线描对线描手法的要求并不严格，而是更在意将其变为一种有趣的、大胆的、富有

图 1-4-4 创意性综合线描 何秋萍

表现力的线描游戏,更多体现在主题思想上,通过自由表现,让创作者灵活地掌握创意性线描的绘画技巧,发展创新思维(图 1-4-4)。

三、综合线描的创作方法

（一）综合线描的创作原则

写实性综合线描主要是遵循写实,体现客观对象的真实性。但装饰性综合线描和创意性综合线描不同,它们更多的是体现一种装饰与创意,在创作过程中往往运用以下原则:

1. 夸张比例

综合线描的本质就是把各种形状综合到一起。但是,只是综合在一起是远远不够的,还需要进行创意创作。应注意,各物件的大小比例不用跟现实生活中的大小比例一样,要把握住画面的综合美、整体美。应合理安排画面中的各元素,如鸡、鸭可比人物大,花朵可比城市大;把主体物画在画面的黄金比例上,画大一点,其他次要物则可以画得小一些、偏一些,便于形象地穿插组合,突出主次,达到整体效果的和谐。

2. 突出特点

除了夸张各物体之间的比例,我们还要根据物体本身的特点进行创作。比如,画小仓鼠就要突出仓鼠圆滚滚的可爱样子,把仓鼠的身体画得比实际更圆、更夸张。总之,在表现事物特征特点的基础上,要遵循强化的原则,强化、夸张其特点,注意整体风格的统一。

3. 讲求顺序

做任何事都讲求顺序,画画也要有一定的顺序,一般都是先画前面没有遮挡的轮廓,再画后面穿插的轮廓,最后添加装饰,这样往往能达到事半功倍的效果。这就好比我们穿衣服的习惯,是从里到外、从上到下。综合线描画基本都是先画靠前的,再画靠后的,用前面画的形象"压住"后面不易表现的形象,使形象富于变化,体现出一种层次感。这样才能画得又快又准,不容易出错。

4. 把纸画"满"

很多初学者在开始创作综合线描时,往往给画面留了大量空白,可是又不知道该如何画"满"。那么,如何才能让画面变得丰富呢?

首先,应根据主题要求展开丰富的想象,让天马行空的想法先翱翔一会儿,再根据主体物进行周边联想。例如,一个主题为"静"的创作,我们可以想象人、动物、植物等,任意一种都可以是主体。例如,我们把主体定为光碟。画好光碟后,我们可以想象与光碟有关的事物——走在光碟上的人、周边环境等。只要你敢天马行空地去想、去画,就一定能把画面表现得非常丰富,把纸画"满"。

（二）综合线描的创作步骤

1. 确定主题、内容

案例:《春天》线描创作。

2. 构思

根据主题,考虑画面要呈现的内容,先在脑海里有个大概构思,确定有哪些主体物,主体物是人物还是动物等;有哪些次要物、背景大概是怎样的。先构思主体,再构思背景(森林、房子等)。

3. 根据主题、内容,搜集素材

打开网络搜索引擎,搜索春天相关的图片,确定主体素材,找到适合的图片并保存到电脑中,随时参考使用(图 1-4-5)。

图 1-4-5 素材

4. 构图

准备好前期参考素材,就可以构图了(图 1-4-6、图 1-4-7)。由于综合线描画创作需要较长时间,我们可以先打草稿,用铅笔起草轮廓,注意抓住物体的外形特征。先画大的、主要的轮廓,再画小的、次要的轮廓;先画前面的,再画后面的。或者,先画主体,再画背景(先画人物或动物,再画背景或风景)。

图 1-4-6 步骤 1   图 1-4-7 步骤 2

5. 填充细节

画完大轮廓的草稿,就要进行勾线,然后填充细节。填充细节时,注意线条的方向、疏密、曲直要根据物体形状、结构的变化而变化,利用点、面进行辅助填充。既可先填主体,再填背景,也可先填大面积,再填小面积。如果经验不足,也可以分区进行小幅绘画,最后综合成一幅完整的画面。

6. 调整

完成创作后,可以进行整体调整,看画面是否均衡、有节奏感,主体是否突出,布局是否合理,虚实是否协调等,再进行必要的修改。对作画过程中误画的错线,不宜用橡皮擦,可"将错就错",展开想象,绘制成其他的形象。调整完成后,还要把铅笔线稿擦掉,但应注意须等勾线的墨水完全干透才能擦,否则容易弄巧成拙,把画面弄脏(图 1-4-8)。

图 1-4-8 步骤 3

四、结语

一幅好的综合线描画,在线条的排列综合上是令人赏心悦目的,点、线、面等的搭配是符合人的视觉感受的。因此,创作者平时要多练习,在日常生活中多进行综合线描写生,从取景、构图、透视等方面加强创作技能(从简单到复杂,循序渐进)。通过综合实景线描的练习,加强自己对物体结构的正确理解与对线条处理的把握,再进行想象线描(想象线描更加注重绘者的主观想象和感受)的创作,达到事半功倍的效果。最后,归纳总结出一些自己常用的创作方式,反思实践。

1. 多观察、找特点

综合线描是对生活的表现,人物、动物、植物甚至自然气候等都能成为其表现的主体。这就要求创作者在生活中认真观察,仔细发现不同主体的特点,如高矮胖瘦、正斜曲直等,并进行夸张变形。如此,在作画时就会下笔如有神。

2. 多练习、找感觉

熟能生巧,勤能补拙。画画更加需要长期、大量的练习。综合线描的主要特点是线与线的穿插综合,要掌握好线条,只有勤学苦练。当练习到了一定的程度,便熟能生巧,画画的感觉也就来了,便能一气呵成。

3. 多想象、大胆落笔

画画一定要胆子大,敢于动笔,综合线描更是如此。下笔要肯定、大胆,不要怕出错,要敢于想象,突破客观限制,充分展现自己的个性与创作特色,打造属于自己的风格。让我们展开想象的翅膀,大胆创作吧!

五、思考与练习

以"我们的家"为主题,创作一幅综合线描作品。要求:主题突出,题材不限。

参考文献

[1]向家富,杨林.美术基础[M].长沙:湖南大学出版社,2016.

第五节   线描在学前教育中的应用

教学目标:厘清美术创作过程中线描所发挥的重要作用;掌握线描在学前教育中的应用,有效提升其审美能力,激发审美意愿。

教学重点:线描在学前教育中的应用。

教学难点:线描在学前教育中的应用。

线描画深受幼儿喜爱。线描画作为绘画中的一种重要形式,其本质在于如何实现情感韵味的有效传达,换言之,即绘画者通过线描画将自身细腻的情感进行直观显现。德国艺术家保罗·克利就线描画的重要意义作出如下诠释:"用一根线条去散步"。保罗·克利的艺术理念充分解读了线描画存在的重要性与不可或缺性。线描课程作为美术教学中的一项关键内容,旨在培养学生的创造力与想象力。为此,教师应充分掌握幼儿特点与线描特点,并将二者进行有机结合,以此实现幼儿对于线描认知的提升,为学好绘画夯实根基。

一、合理选取材料,激发幼儿学习兴趣

基于幼儿自身对于美术与线描认知的制约性,幼儿园教师在进行线描教学时,往往要将教学内容与幼儿的接受程度相结合,通过幼儿能够理解并乐意接受的方式来激发幼儿对线描的兴趣,诸如利用简笔画的形式向幼儿展示其熟悉的物体,让幼儿对这种绘画形式产生兴趣。

以"小动物"为例,在线描画课堂教学中,教师要以日常生活为切入点,激发幼儿学习兴趣,合理选取并将幼儿熟知且感兴趣的相关素材引入课堂,向幼儿呈现不同形态的小动物模型(如小鸟、小狗等),吸引他们的注意力,促使他们主动观察并对日常生活中这些常见的小动物留下初步印象。接下来,教师可以"小动物"为主题进行即兴线描教学,通过合理的教学内容设计激发幼儿的绘画欲望。此过程中,教师应就教学难度予以合理掌控,避免因教学内容过难而打消幼儿的绘画热情。教师可依托自媒体教学模式,将需要线描的动物图像利用多媒体进行生动、直观的展现,在有效提升课堂趣味性的同时又能够让幼儿有效理解线描知识。实际操作时,教师可随时对自媒体进行回放、暂停,通过合理的方式引导学生对动物的线条进行观察,并将自媒体中的图像与实际生活中的动物图像进行结合。在此环节穿插线条勾勒教学,进一步强化学生的吸收能力,激发学生的创作热情(图 1-5-1、图 1-5-2)。

图 1-5-1 线描动物 《小猫》　　　　　图 1-5-2 线描动物 《鱼》

在线描教学中,如何选取线描素材至关重要。合理的线描素材能够营造出良好的教学氛围。为此,作为教师,应对此给予高度重视,强化幼儿的自主创造热情,通过课堂讨论等形式进一步升华课堂教学氛围。

二、根据幼儿特点,引导线描画教学

客观来讲,不同年龄段的幼儿在信息接收方面存在明显差异。因此,幼儿园教师在线描教学中应秉承因材施教原则,针对不同年龄阶段的幼儿采取差异化教学模式与内容,通过寓教于乐的方式积极引导幼儿,使其对线描产生兴趣,从而确保线描教学目标的顺利达成。

在创作线描人物时,教师可引导学生以"熟悉的人物"作为线描对象,如爸爸、妈妈等,从多角度入手简单勾勒人物形象,进行与之相应的生活场景的勾勒。通过上述生活化训练,不仅能够有效激发幼儿的潜能,亦能实现幼儿线描知识与情感经验的有效积累。

在创作线描动物时,教师可引导学生以"动画片中的动物形象"作为线描对象,从多角度入手简单勾勒该动画形象以及相对应的动画场景。建议教师教学前利用多媒体工具播放动画片,通过感官刺激的形式使动物形象更为"具象化",开展有针对性的线描教学。这样不仅能够使得线描相关知识更易被幼儿接收,亦有利于培养幼儿的学习兴趣,提升幼儿的发散性思维。如此,可为幼儿更好地学习后续阶段线描画课程做铺垫,也可在幼儿互动实践过程中顺利提高线描画课堂教学有效性。

图 1-5-3　线描人物　《鄂尔多斯新娘》　　图 1-5-4　线描人物　《少数民族妇女》

在幼儿园线描画教学过程中,教师应巧妙把握幼儿自身特点,从幼儿角度出发构建线描课堂,在幼儿熟知的情境中,对其进行针对性引导,以使幼儿在理解、掌握、内化线描画知识的过程中形成正确的认知(图1-5-3、图 1-5-4)。

三、认知"随意画线",强化幼儿画线基础

在幼儿园线描画教学中,教师要注重引导幼儿认知"随意画线"等理念,在观察、感知、欣赏线描作品中理解线描画知识,在掌握线描画课题重点与难点知识中强化幼儿画线基础。

以"花瓶"为例,线条是线描画作品的基本组成要素。在实际教学中,幼儿教师应就如何激发幼儿线描欲望予以关注,通过合理化方式让幼儿了解线描美,在感知线条美感的过程中强化自主作画意识,培养创作能力。为进一步实现教学效果的顺利达成,建议幼儿教师将长短线、折线等枯燥的线条教学内容进行动态转化,让幼儿在感知颜色不同线条的动态变化过程中激起作画欲望,主动尝试作画。随后,教师可以让幼儿自行选取喜欢的线条以及颜色,试着画出对应的线条,再将"花瓶"这一新课题引入课堂,展示"花瓶"的不同图片以及实物,引导幼儿欣赏不同形式的动态的花瓶,初步了解花瓶的基本结构,并让幼儿说说不同造型花瓶的颜色、线条、图案等,感知花瓶的瓶口、瓶颈、瓶底等具体变化,巧设针对性问题,引导学生用线条、图案勾勒花瓶。在幼儿初步掌握"花瓶"画线方法之后,教师可以引导幼儿深层次认知"随意画线",画出两种或两种以上不同线条的组合画,并将不同线条巧妙应用至绘画创作中,在绘制不同造型的花瓶中感知各类线条的动态变化及其在构图过程中的具体作用,在领略线条美感的过程中不断积累线描画知识,强化线描画基础。

图 1-5-5　线描器物　《花瓶1》　　　图 1-5-6　线描器物　《花瓶2》

因此,在幼儿线描画教学中,认知"随意画线"有利于幼儿对抽象化的线条形成全新的认识,在亲自描画彩色、变化的线条过程中感知各类型线条中蕴含的情感,丰富线描画体验。不仅如此,"随意画线"对于幼儿

夯实与积累线描知识亦有着积极的推进作用(图 1-5-5、图 1-5-6)。

四、巧妙运用线条,引导幼儿观察写生

线描教学的有效性离不开丰富的作画积累,写生作为一种有效的素材积累方式,应得到教师的高度重视。教师可利用合理化方式积极引导幼儿进行写生练习,培育幼儿的线描能力与绘画素养。

在进行"漂亮的花儿"线描教学时,教师的教学形式可不拘泥于课堂教学,应实行内外课堂有效衔接方式进行教学。例如,可让幼儿走出课堂,近距离接触花,多角度欣赏花,让其对花的颜色、花瓣形状等有更为具象化的认知,准确把握各类型花的基本形态。随后,教师可以针对性地讲解相关点、线、面知识,向幼儿呈现不同的点、线、面,凹凸线、弹簧线、螺旋线等。在此基础上,教师可以引导幼儿巧用勾线笔勾画出花的基本结构,在勾勒过程中学习线描画的具体表现方式。教师要根据幼儿的认知结构,科学指导幼儿巧用线描画手法装饰对应的花,注重画面的整体布局,内化掌握点、线、面知识,让其体验不同形状与颜色的花所展现出的差异化美感。教师要随时观察幼儿的观察写生情况,以问题为切入点,有针对性地指导班级幼儿,使各层次幼儿都能在认知线条的基础上运用线条进行作画,在多层次实践中掌握线描画勾勒技巧、手段,提高作画能力。以此,提升幼儿园线描画教学层次及价值,高效完成线描画教学实践任务(图 1-5-7、图 1-5-8)。

图 1-5-7 线描写生 《漂亮的花儿 1》　　图 1-5-8 线描写生 《漂亮的花儿 2》

总之,延伸线描画课堂有利于科学衔接线描画课堂内外,有利于幼儿在多层面观察写生中深入认知并巧用线条,科学勾勒熟知的动物、景物等,在尝试创作不同题材的过程中培育线描画创作能力与艺术素养。

五、结语

线描艺术的培养离不开认真的思考与观察,只有学会观察身边事物的美感,才能实现创作灵感的不断升华。幼儿阶段是学习线描艺术的最佳时期,学校应给予充分重视,应利用一切可利用资源来激发幼儿的绘画热情,在提升幼儿绘画水平的同时实现幼儿健全人格的塑造。

在实际线描教学中,为实现教学效果最大化,教师应以幼儿为中心,将理论教学与实践教学有机结合,通过寓教于乐的方式让幼儿在获取绘画知识和情感体验中掌握重要的绘画技法,在勾勒景与物的过程中增强自身能力,将线描魅力予以全面彰显,激发线描创作热情。

六、思考与练习

选取一个题材,设计一堂线描活动课。要求:严格根据幼儿年龄特征来选取相关素材。

第二章　卡　通　画

第一节　卡通画概述

教学目标：认识什么是卡通，了解卡通的历史与发展，熟悉不同的卡通艺术作品形式，激发对卡通画学习的兴趣和热情。

教学重点：认识什么是卡通及卡通画，在实际生活中能区分不同形式的卡通艺术作品。

教学难点：认识不同领域中的卡通艺术作品。

一、卡通画的概念

卡通，是英语"cartoon"的汉语音译，指幽默讽刺画，也含有运动的画面、连续的画面之意。卡通的产生源于绘画艺术迎合大众的审美，以简驭繁的卡通作品逐渐被大众接受，从而不断发展。

卡通画是对具有卡通特点的绘画作品的总称，卡通画一般运用变形、比拟、象征或者映射的方法，以线条为主要造型手段，塑造各种生动、幽默、可爱的形象，结合情景与情节，构成单张的画面或连续的画面组。由于卡通画具有幽默性、易读性等特点，成为一种老少皆宜、雅俗共赏的艺术。

二、卡通画的历史与发展

在欧洲，17世纪荷兰画家的笔下首次出现了带有卡通夸张意味的草图。英国的产业革命引发了报刊出版业的繁荣，为卡通画的发展提供了物质保证，出现了许多带有幽默性的卡通插图和政治性漫画。1841年，英国漫画刊物《笨拙》（图2-1-1）问世，著名画家约翰·里奇和编辑马克·吕蒙首次将幽默讽刺画命名为"卡通"，这本刊物也是传统漫画向连环画过渡的重要桥梁。

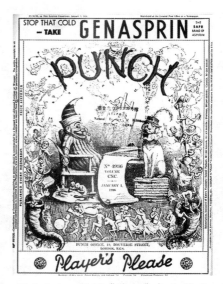

图2-1-1　英国《笨拙》杂志封面

卡通画的发展与漫画、动画的发展是分不开的。20世纪20年代，美国动画巨人沃尔特·迪士尼创办了迪士尼公司，他创作了卡通明星米老鼠，开创了动画发展的新时代（图2-1-2），促使美国动画产业走向飞跃的同时也影响了世界各国动画的发展。20世纪30年代，美国漫画迎来了发展的黄金时期，诞生了众多超级英雄题材的作品。卡通漫画在美国的发展也逐渐走向多元化，出现了教育漫画、科学漫画、西部漫画等各种题材。20世纪六七十年代，手冢治虫成为日本动画界的标志性人物，被誉为"日本动漫之父"，他创作的一系列动画片将日本动画片的水平提升到新的历史高度，代表作有《铁壁阿童木》（图2-1-3、图2-1-4）。1974年起，日本的动画发展进入成熟期，逐渐形成特色，种类、形式、内容、题材及从业人员不断细化。此外，日本漫画内容极其丰富，有些漫画作品已连载超过40年，漫画读者的年龄从幼儿跨越到老年人。

图 2-1-2　沃尔特·迪士尼与米老鼠

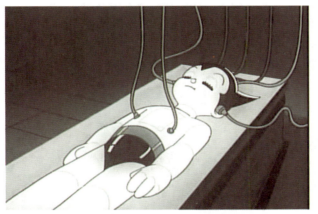

图 2-1-3　铁臂阿童木动画剧照　　　　图 2-1-4　铁臂阿童木漫画书页

　　我国动画和漫画的发展基本与世界同步。我国第一部独创动画片《大闹画室》于 1926 年摄于上海。1941 年，上海的万氏兄弟推出了中国动画史上第一部，也是亚洲动画史上第一部长篇动画电影《铁扇公主》。20 世纪 40 年代至 70 年代是我国动画繁荣发展时期，艺术和技术质量都达到空前的水平，题材多样，形成了中国动画学派，出现了水墨、剪纸等具有中国特色的动画作品。《大闹天宫》是这一时期的代表作，在国内外享有很高的声誉(图 2-1-5)。

　　漫画在我国已有百年历史，清朝末期就已产生批评时事的"讽刺画"。1925 年，丰子恺在《文学周刊》上刊发了"子恺漫画"，"漫画"的概念由此在我国流行。丰子恺运用传统的毛笔创作了众多毛笔漫画作品(图 2-1-6)。其后，我国漫画在民族化、大众化方面进行不断探索，诞生了张乐平的《三毛流浪记》等一批作品。

图 2-1-5　《大闹天宫》中的孙悟空　　　图 2-1-6　丰子恺漫画作品

三、卡通文化的时代发展

随着时代发展,人们不断探索卡通画在书籍、影视、网络中的应用。卡通作为一种有别于传统绘画的艺术形式,加上其对印刷技术和现代数字制作技术的适应,逐渐融入了人们生活的方方面面,形成了丰富多彩、绚丽富饶的卡通文化。

（一）突出幽默与讽刺艺术效果的讽刺漫画作品

这类卡通画作品通常以简单而夸张的手法描绘生活或者时事,运用变形、比喻、象征、暗示、影射等手法,构成幽默诙谐的画面,以达到讽刺或歌颂的效果,是一种具有强烈讽刺性或幽默性的绘画(图2-1-7、图2-1-8)。

图 2-1-7　华君武漫画作品　　　　图 2-1-8　丁聪讽刺漫画作品

（二）重视故事性和文学性的连环画作品和动画片

漫画家们探索出四格漫画、条形漫画等多幅画面绘制形式,从而冲破单幅画面的局限,为通俗的故事讲述奠定了基础。我国的连环画,就是一种以叙事为目的的视觉艺术,它通常围绕故事主线,运用绘画语言刻画和塑造故事中的人物,如漫画《三毛流浪记》(图2-1-9)中运用多幅画面表现了三毛的孤苦伶仃。

图 2-1-9　《三毛流浪记》漫画——孤苦伶仃　张乐平

动画片可以看作动起来的卡通画,是由一幅幅按时间先后连续变化的画面构成,利用人眼的视觉暂留现象而形成流畅的动画效果,是一种被大众普遍接受的艺术形式,是卡通画与影视技术、电影艺术等门类相结合的产物。动画片是一种非常适合讲故事的艺术形式(图2-1-10、图2-1-11)。

图 2-1-10 《天书奇谭》动画片海报　　　图 2-1-11 《花木兰》动画片剧照

（三）重视绘画性和装饰性的插画作品

插画在我国俗称插图，现在泛指商业性绘画，涵盖出版、动画、广告、影视、网络等众多领域。近年来，众多被称为"绘本"的书籍进入大众生活，这类书籍强调运用巧妙和艺术化的插图让儿童更好地理解和感受书中内容，强调图与文的内在关系，被认为是适合儿童早期阅读的有效读物（图 2-1-12）。此外，插画还普遍运用在各种游戏中，无论是游戏人物还是游戏场景都普遍采用卡通风格。

（四）重视信息传播和形象表达的卡通吉祥物及企业形象设计

卡通形象因为天生具有的亲和力、幽默性和易读性，在各种吉祥物作品、企业形象标识作品中被广泛使用，影响和丰富着我们的生活。如图 2-1-13 是北京冬奥会吉祥物冰墩墩，其寓意丰富，体现了追求卓越、引领时代、面向未来的奥运文化。

图 2-1-12 绘本《我爸爸》封面　　　图 2-1-13 2022 年冬奥会吉祥物

第二节　卡通画的特点与技法

教学目标：了解卡通画的特点和绘画工具；认识和掌握卡通画的相关知识和绘画步骤；认识和掌握卡通场景的绘画步骤和方法，为独立创作卡通画作品奠定基础。

教学重点：掌握卡通画基本的绘画步骤与方法。

教学难点：掌握卡通角色和卡通场景的绘画步骤与方法。

卡通画往往给人轻松愉悦的观感。创作卡通画,可从幽默诙谐、活泼生动的定位出发,采取夸张、比拟等手法,运用简洁的线条和多样的图形表现事物。卡通艺术可以将人的喜、怒、哀、思注入艺术对象之中,力求创作的作品具备独特的形态,生动传神。

卡通画在工具上的选择较为灵活,能满足必要的线条绘制和色彩表现即可。线条的绘制,一般使用铅笔、针管笔、钢笔、水彩笔等;色彩的表现可使用彩色铅笔、水彩颜料、蜡笔、马克笔等。随着电脑和手机的普及,适合卡通画创作的电脑和手机绘画软件也越来越多。

画好卡通画,需要尽量多地观察、分析周围事物,大胆地发挥想象力和创作力,通过练习不断认识和体会卡通画的特点,掌握卡通画的一般绘画步骤与方法。

一、卡通画的特点

(一)主题突出,内涵丰富

明确的主题,为卡通画中角色形象和场景的绘制指明了方向。卡通画作品与其他绘画作品一样都可以传达丰富内涵(图 2-2-1、图 2-2-2)。

图 2-2-1　李志华作品　　　　　　　　图 2-2-2　李志华作品

(二)造型概括、简洁

在卡通画作品中,往往使用概括的手法来塑造形象,以最少的造型要素准确地表现出对象的内涵与外在特征。

(三)夸张、个性鲜明

夸张使卡通画在艺术效果上更具感染力,在信息传达上更加直接,夸张也使卡通画作品及其中的事物的个性特征更加鲜明。通过夸张和变形形体比例、动态特征及神态特征,创作出造型各异、个性鲜明的卡通形象(图 2-2-3 — 图 2-2-5)。

图 2-2-3　由志保作品　　　　图 2-2-4　由志保作品　　　　图 2-2-5　由志保作品

（四）生动、拟人化

拟人化造型是把动物、植物等非人的事物拟人化，使其具有人的思想感情、行动和语言能力等人格特征。拟人化使卡通画作品在事物和情境表达上更加生动形象。

二、卡通画的技法

一幅卡通画作品的构思和创作，由角色及场景两部分构成。角色是卡通画进行情感和主题表达的主要部分。角色是卡通画中的各种形象，既可以是现实生活中的人物或动物，也可以是虚拟的形象。场景是角色所在环境，起到交代角色周围环境、营造气氛、强调角色性格的作用（图 2-2-6 ）。

图 2-2-6　卡通画案例《放风筝》　由志保

（一）角色形象

角色的表现可概括为内在与外在两部分。内在主要是角色情绪（喜、怒、哀、乐）、性格等内在特点的表现。外在主要是角色身体动作、服饰着装、职业特征等外在特点的表现。在绘制角色形象时，要结合其内外两方面的特点绘制头形、五官、躯干、四肢、服饰等。

人物角色画是卡通画作品中常见的绘画题材。适合的头身比例影响着人物角色的年龄特征。一般成人的头部与身高的比例关系是 1∶7.5，不同年龄阶段比例不尽相同，如图 2-2-7 所示。一般而言，人物头部的绘制可以先概括为上下两部分，即圆形的头盖骨和椭圆或梯形的下颌骨，人物角色的头部绘制方法如图 2-2-8、图 2-2-9。人物情绪表现如图 2-2-10。

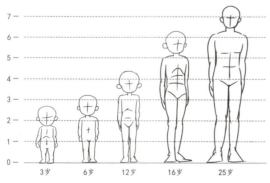

图 2-2-7　各年龄段头身比例

图 2-2-8　人物角色绘制示例（头部与五官）

图 2-2-9　人物角色（头部与五官）的绘制步骤

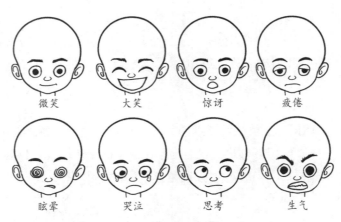

微笑　　　　大笑　　　　惊讶　　　　疲倦

眩晕　　　　哭泣　　　　思考　　　　生气

图 2-2-10　人物角色情绪表现

　　手和脚的结构相对比较复杂，在卡通画中可进行简化和概括，手和脚的绘制方法和步骤如图 2-2-11、图 2-2-12 所示。需要注意的是，手和脚的姿态应与头部的五官表情相匹配，同一肢体动作与不同表情结合可表现出不同效果，如手臂上扬可表现有力量、心情愉快、伸展身体等状态，手臂下落可表现情绪平静、为人慈祥、心情沮丧等状态。四肢和头部由躯干连接，绘制躯干时需要注意不同姿态下肩膀、腰胯的走势（图 2-2-13）。

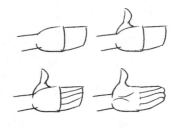

图 2-2-11　手的结构与画法

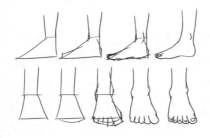

图 2-2-12　脚的结构与画法

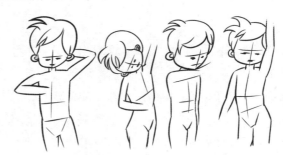

图 2-2-13　躯干的结构变化与画法

　　人物角色的绘制方法与步骤：

　　步骤 1：使用铅笔起稿，根据角色的形态特征，使用简单图形和浅浅的线条对角色进行必要的形体比例与动态分析（图 2-2-14）。

　　步骤 2：在形体比例及角色动态的基础上，使用铅笔，运用浅浅的直线，轻轻绘制出角色的大体形态（图 2-2-15）。

图 2-2-14　动态分析

图 2-2-15　绘制草稿

步骤 3：在铅笔草稿的基础上，使用粗细适中的勾线笔或针管笔，绘制出角色形象的线稿，注意线条尽量流畅，线与线之间的衔接要自然（图 2-2-16）。线稿笔迹干透后，可以使用橡皮擦将铅笔线擦除（图 2-2-17）。

步骤 4：运用涂色工具（如水彩笔、马克笔、水粉颜料等），在线稿的基础上，根据角色形象每个部位的颜色，为角色的每个部分平涂上适合的色彩（图 2-2-18），注意色彩搭配及色彩平涂尽量均匀。

图 2-2-16　绘制线稿　　　图 2-2-17　完成线稿　　　图 2-2-18　平涂色彩

步骤 5：在平涂色彩的基础上，运用较深色彩绘制暗部（图 2-2-19），力求表现出在受光线影响下各部分的形态特点，以及各部分的材质及肌理效果。

步骤 6：运用白色或浅色绘制角色形象的高光，运用适当的颜色绘制脸部柔和的腮红等细节，深入刻画角色各部分（图 2-2-20），直至完成作品。

图 2-2-19　表现暗部色彩　　　图 2-2-20　绘制高光及细节

除了人物角色形象外，在卡通画创作中还可以发挥想象力，创作各种拟人化角色形象，进行拟人化卡通画作品艺术处理（图 2-2-21 — 图 2-2-23）。

图 2-2-21　构思角色　　　图 2-2-22　确定线稿　　　图 2-2-23　平涂色彩

（二）场景的表现

卡通画中的场景有山峰、大海、树木、天空等室外场景，也有教室、游泳池、候车厅等室内场景。场景的构思需结合卡通画的主题，合理处理角色和场景的关系，合理分配前景、中景、远景的空间。

场景的绘画步骤如下：

步骤1：运用铅笔，轻画长直线确定大的形体与空间位置，构思画面构图形式，合理安排前景、中景、远景的比例关系（图2-2-24）。

图 2-2-24　绘制大体位置

步骤2：运用铅笔，轻画较短直线，明确场景中各种事物的具体形态（图2-2-25）。

图 2-2-25　绘制草稿

步骤3：运用粗细适合的勾线笔或针管笔等工具，在铅笔草稿基础上，耐心绘制出整个场景的线稿，注意线条尽量流畅，以及线与线之间的衔接。绘制完线稿后，将铅笔线擦除（图2-2-26、图2-2-27）。

图 2-2-26　绘制线稿

图 2-2-27　擦除铅笔线

步骤4：运用水彩笔、彩色铅笔等工具，在完成的线稿上为每一景物平涂颜色。平涂色彩时，注意图形间的色彩对比和画面的整体效果，平涂色彩尽量均匀（图2-2-28）。

图 2-2-28　平涂色彩

步骤5：根据场景的光线，运用较深的色彩，绘制出场景中各物体的暗部，塑造事物的形体（图2-2-29）。

图 2-2-29　完成暗部表现

步骤6：整体观察整个画面，根据场景的光线，运用白色或浅色绘制各种事物的高光。此外，还可以简单表现事物的色彩变化，运用适合的色彩，根据形态的变化适当塑造表面色彩和肌理效果，边观察边调整，直至完成绘制（图2-2-30）。

图 2-2-30　绘制高光及细节调整

第三节　卡通画在幼儿园中的应用

教学目标：认识卡通画与幼儿的关系；掌握卡通画应用到幼儿园教育教学中的策略与方法，激发将卡通画运用到幼儿园教学中的热情。

教学重点：掌握将卡通画应用到幼儿园教学中的策略与方法。

教学难点：掌握卡通画在幼儿园中的应用途径，可结合幼儿园需要绘制卡通画。

卡通画对于3—6岁的幼儿来说是极富吸引力的，卡通画具有的易读性、夸张变形、富有想象力等诸多特点，顺应了幼儿的身心特点。分辨、挖掘、创作各种优质的卡通画，带领幼儿欣赏、创作卡通画，锻炼幼儿掌握卡通画绘画技能，使幼儿在卡通画作品中汲取成长的营养，已经成为当前幼儿教育工作不可或缺的一部分。

一、利用卡通画绘制简便的特点，引导幼儿记录自身生活

幼儿的绘画作品是幼儿心理活动的可视化轨迹。卡通画简洁的语言、不受局限的绘画方式、天马行空的想象在一定程度上迎合了幼儿的身心特点。教师可以基于这一特点，将卡通画与幼儿的美术活动结合起来，启发幼儿创作多彩的个人绘画作品（图2-3-1—图2-3-4）。

图 2-3-1　幼儿卡通画作品1

图 2-3-2　幼儿卡通画作品2

图 2-3-3　幼儿卡通画作品 3　　　　　　　图 2-3-4　幼儿卡通画作品 4

二、利用卡通画中新奇的想象力,培养幼儿的创造力

卡通画所具有的拟人、夸张、幽默的风格,以及来自于对现实生活中有趣的形象和事物的把握,赋予了创作者想象和创意的机会。卡通画的阅读过程好似一种奇妙的旅程,幼儿在阅读卡通作品的过程中,思维得到活跃,激活了创造力(图 2-3-5、图 2-3-6)。

图 2-3-5　绘本《时间与懒惰》(节选)　　　　图 2-3-6　绘本《我的小熊》(节选)
　　　　　(学生作品)　刘晓露　　　　　　　　　　　(学生作品)　张晴

三、利用卡通画的幽默与诙谐,增强幼儿园环境的趣味性

幼儿园是满足幼儿成长与教育的环境。幼儿园应在满足教育性、安全性等要求的同时,使教学环境对幼儿更有吸引力。大到建筑景观,小到墙面装饰、导视牌、垃圾桶等事物都需要为幼儿精心设计,在增加趣味性的同时引起幼儿的注意,烘托愉快轻松的学习环境,丰富幼儿生活。将卡通画融入幼儿园环境创设,运用幼儿喜爱的卡通画是一个非常好的选择(图 2-3-7)。

图 2-3-7　运用多种卡通造型的环境创设(学生作品)

四、利用卡通画的易读性,融入文化、教育理念和各领域知识,促进幼儿身心成长

对于幼儿来说,绘制卡通画可以作为一种寓教于乐的学习活动,拓宽幼儿的知识视野。卡通画作品中所渗透的强烈的情感色彩、不同地域文化、社会交往习惯及语言文字表达等内容,可以帮助幼儿建立积极的情感态度,感受文化熏陶,学会交流合作。由于幼儿思维的具体想象性和对文字理解的局限,幼儿阅读的读物一般是由图画和文字构成的图画书,阅读过程中幼儿也更多是在观察和理解图画内容,教师可以利用一些卡通画书籍,培养良好的阅读习惯(图2-3-8、图2-3-9)。

图2-3-8　绘本《圆鼓鼓》(节选)
（学生作品）　赵继雪

图2-3-9　绘本《圆鼓鼓》(节选)
（学生作品）　赵继雪

五、利用卡通画作品的艺术感染力,对幼儿进行审美教育

一些优秀的卡通画作品中蕴含着很强的审美情趣,有助于幼儿审美情趣和艺术欣赏能力的培养(图2-3-10、图2-3-11)。

图2-3-10　卡通画主题墙面练习(学生作业)

图2-3-11　卡通玩教具练习(学生作业)

六、思考与练习

1. 谈谈你喜欢的卡通画作品。
2. 思考适合幼儿的卡通形象应该具有哪些特点。
3. 完成一幅适合幼儿欣赏的卡通画作品。

第三章 版　　画

第一节　版画的概述

教学目标：通过学习，了解版画的历史渊源，熟悉版画的基本理论知识，培养审美情趣和对传统艺术的热爱。

教学重点：了解版画的发展史，以及版画的分类、特点。

教学难点：认知版画的艺术特点、表现形式和寓意。

一、版画的概述

版画既是造型艺术之一，也是视觉艺术的一个重要门类。版画是由艺术家构思创作并通过制版和印刷等程序而产生的艺术作品。版画是用刀、化学药品等作为工具，在木板、石板、铜板等材料上，通过手工制版、雕刻或蚀刻后印制出来的一种绘画作品。

我国版画起源于隋唐，创作技法以碑文拓印、木板雕刻批量印制经文为主，题材以宗教经卷为主。唐咸通九年（公元 868 年）雕印的《金刚般若波罗蜜经》（图 3-1-1），是世界现存有明确纪年的最早的木刻版画。

图 3-1-1　《金刚般若波罗蜜经》（唐）　图 3-1-2　《南无释迦牟尼佛像》（辽）

宋元时期，彩色木刻版画出现，脱离了单一的黑白色，加入了色彩元素，是版画发展过程中的里程碑。套色漏印彩色版《南无释迦牟尼佛像》（辽）是我国目前发现的最早的彩色套印版画（图 3-1-2），在世界文化史上具有重要地位。

明清时期是我国版画的高峰期，各种题材层出不穷，欣赏性版画兴起。明代版画不仅用于书籍插图，也用于画家传授画法的"画谱"（图 3-1-3）、文人雅士的"笺纸"、制墨名家的"墨谱"。清代，涌现出优秀的民间画师和技工，绘制和刻印大量年画（图 3-1-4），供应到各地应付年节。

图 3-1-3 《十竹斋书画谱》(明) 胡正言

图 3-1-4 《白蛇传》 杨柳青木版年画

部分学者认为,近现代流行的新兴版画是由欧洲人把中国古代的复制性版画发展成的创作性版画。在新文化运动中,鲁迅意识到新兴版画传播文化和艺术的重要性,率先扛起了用版画宣传艺术和新思想的文化大旗。黄新波(1916年—1980年),原名黄裕翔,笔名一工,广东台山人,从事新兴木刻运动,创作了大量以"救亡与启蒙"为主题的木刻版画作品(图 3-1-5 —图 3-1-8)。

图 3-1-5 《春华长艳》 黄新波

图 3-1-6 《孤独》 黄新波

图 3-1-7 《卖血后》 黄新波

图 3-1-8 《青年人》 黄新波

二、版画的分类

版画按材料可分为：木版画、石版画、铜版画、锌版画、瓷版画、纸版画、丝网版画、石膏版画等（图 3-1-9、图 3-1-10 ）。

版画按颜色可分为：黑白版画、单色版画、套色版画等。

图 3-1-9 《森林》黑白版画　陈崧阳　图 3-1-10 《童年系列》套色版画　孙文文

版画按制作方法可分为：凹版、凸版、平版、孔版、综合版、电脑版等。

版画按照制作技法可分为：木面木刻、木口木刻、水印木刻、油印木刻、凹雕版、腐蚀版、美柔汀版等。

三、版画的特点

版画和印刷有密切的关联，版画也被称为复数艺术，与其他绘画形式相比具有独特的特点。

1. 间接性。国画和油画等绘画形式是直接用笔或者材料在纸上、画布上进行创作，而版画是印制出来的画，多了制版和印刷等程序，所以是间接的。

2. 复数性。相较于其他绘画形式，版画制版后可以反复印刷。

四、思考与练习

1. 说一说版画的特点和分类。

2. 阐述如何从版画中读懂作者的创作思想。

3. 寻找日常生活中，哪些地方运用了版画的元素。

第二节　纸版画的特点及其制作技法

教学目标：通过学习，能够运用吹塑纸版画技法创作一幅纸版画作品，增强动手能力。

教学重点：吹塑纸版画的制作步骤和方法。

教学难点：艺术创作思路的启迪；运刀刻版和印制的技法。

一、什么是纸版画

纸版画是利用不同特性的媒材经过剪、贴、撕、揉、压等方法制作出底版，采用多种多样的方法印制出来的图画。

二、纸版画的特点

纸版画取材方便、制作简单、效果独特,是版画学习中最容易入门的技法。

三、吹塑纸版画的制作技法

(一)吹塑纸版画工具

吹塑纸版画工具有铅笔、圆珠笔、吹塑纸、水粉笔、水粉颜料、夹子、吹塑纸、马莲、木蘑菇等(图3-2-1)。

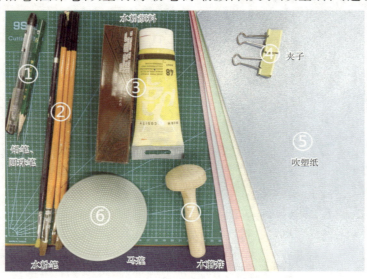

图3-2-1 吹塑纸版画工具

(二)吹塑纸版画制作步骤

步骤1:画稿(图3-2-2)。根据创作主题或者创作要求,用铅笔在纸张上勾线起稿,在创作设计稿时要合理构图,结合点、线、面的构成关系,注意三者之间的穿插、聚散、疏密、纵横变化。

步骤2:过稿(图3-2-3)。将抹布蘸上肥皂水,轻轻擦拭吹塑纸表面,去掉表面光滑面,晾干,便于上色。在创作稿和吹塑纸之间垫上复写纸,把设计稿复刻到吹塑纸上。

图3-2-2 步骤1

图3-2-3 步骤2

步骤3:制版(图3-2-4)。用粗头圆珠笔或铅笔在吹塑纸上用力刻画(也可省略步骤1、步骤2,直接在吹塑纸张上刻画)。由于吹塑纸质地较软,应注意运笔方向,以免把吹塑纸弄破。

步骤4:印刷(图3-2-5)。在刻版上均匀滚上油墨,再盖上纸张用马莲按压到位。如果是彩色印刷,需要用夹子固定底版和纸张,上色时要注意掌握好水和颜料的比例,趁湿盖上画纸进行印制,均匀用力。

图 3-2-4　步骤 3　　　　　　　　　　　　　图 3-2-5　步骤 4

步骤 5：完善作品《荷》（图 3-2-6），检查彩色吹塑纸版画效果；交流欣赏作品（图 3-2-7、图 3-2-8）。

图 3-2-6　步骤 5

图 3-2-7　《时尚女郎》　姚瑶　　　　　　图 3-2-8　《花季少女》　蔡佳佳

创作注意要点：

第一，制版时文字、数字等须反刻在底版上。

第二，反复印制一张作品时，要把底版和纸张固定结实，不能松动。

第三，印制的油墨和颜料要控制好干湿程度；如果颜料不均匀，画面效果将会不干净。

第四，印制时尽量不把颜料涂在凹线上，且不宜涂得过厚或过薄。如果底版颜料过厚，画面效果将不明显。

四、吹塑纸版画作品赏析

赏析吹塑纸版画作品(图 3-2-9—图 3-2-16)。

图 3-2-9 《春暖花开》 陈珏汐

图 3-2-10 《生命之树》 赵晞彤

图 3-2-11 《游园会》 吴佳怡

图 3-2-12 《锦鲤》 林柯欣

图 3-2-13 《荷塘美景》 王奕琳

图 3-2-14 《快乐童年》 翁禾

图 3-2-15 《保护环境》 陈泊伊

图 3-2-16 《珍爱生命》 张昕怡

五、思考与练习

1. 想一想吹塑纸版在制版、刻画的时候出现了什么问题？如何解决？

2. 尝试使用不同的纸张进行复刻，观察创作时出现的变化。

3. 临摹一幅吹塑纸版画作品。

4. 创作一幅吹塑纸版画作品。

第三节 木刻版画的特点及其制作技法

教学目标：通过学习,能够运用木刻版画技法创作一幅作品,增强动手能力,体悟木刻版画的艺术魅力。

教学重点：木刻版画的艺术特点与表现方法；掌握木刻版画的制作步骤和方法。

教学难点：运刀刻版的技法与线条的表现形式、印制的技法。

一、什么是木刻版画

木刻版画是版画的一个重要门类,是一种运用刻刀在木板上进行刻版和转印的艺术形式。独特的刀味和木味使木刻版画在中国文化艺术史上具有独立的艺术价值与地位。

二、木刻版画的分类

（一）凸版版画

创作特点：造型部分、着色部分被留下,形成凸出的部分,其他地方被刻掉,印刷的涂料附着在凸起部分（图 3-3-1）。

（二）凹版版画

创作特点：与凸版版画相反,造型部分被刻掉,其他地方保留,印刷的涂料附着在平面版上（图 3-3-2）。

图 3-3-1 《镜子》 赵浩珍

图 3-3-2 《建党 100 周年》 施张伊

三、木刻版画的特点

木刻版画黑白对比强烈,画面概括、质朴。

四、木刻版画的制作技法

（一）木刻版画工具

木刻版画工具有木刻刀、版画油墨、马莲、木蘑菇、胶滚、铅笔、木板等（图3-3-3）。

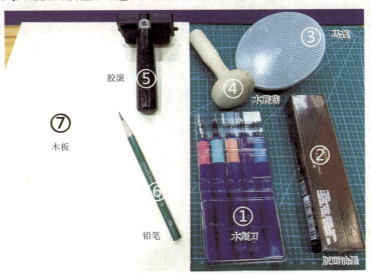

图 3-3-3   木刻版画工具

（二）木刻版画制作步骤

步骤1：起稿（图3-3-4）。画稿尽量少留白,更能体现版画的厚重感,如果内容涉及数字、字母等,注意必须是反稿。

步骤2：附色（图3-3-5）。在原木板上,用纸巾或布蘸黑色或者蓝色水粉颜料,把木板涂上颜色,以便在刻制过程中更加清晰地观察刻制效果。不建议用墨水,因为容易渗透到木板内部,不利于观察。

图 3-3-4   步骤1

图 3-3-5   步骤2

步骤3：画版（图3-3-6）。用铅笔在附色后的木板上绘制出设计稿。

步骤4：刻版（图3-3-7）。要掌握用不同的刀法塑造画面,以刀代笔在木板上绘制画面,注意运刀时应均匀用力。在刻制过程中,可使用镜子来检查是否达到理想效果。

图 3-3-6 步骤 3

图 3-3-7 步骤 4

步骤 5：滚墨（图 3-3-8）。使用胶滚滚动油墨时，注意小范围把油墨滚润，并确保胶滚上的油墨均匀，最好在玻璃上操作。

步骤 6：上油墨（图 3-3-9）。在制作好的印版上均匀滚上油墨，不遗漏每个地方。

图 3-3-8 步骤 5

图 3-3-9 步骤 6

步骤 7：拓印（图 3-3-10）。在上好油墨的印版上覆盖一张拓印用纸，用马连在每个位置轻轻摩擦，将印版上的油墨更好地转移到纸张上。拓印中途可以揭开局部观察。较小较细的区域，可使用木蘑菇按压。注意力度，太重太快容易磨破纸张。

步骤 8：完成（图 3-3-11）。揭开纸张，应从纸张一角缓缓揭开，避免太快拉破纸张。

图 3-3-10 步骤 7

图 3-3-11 步骤 8

五、黑白木刻版画作品赏析

赏析黑白木刻版画作品（图 3-3-12 — 图 3-3-18 ）。

图 3-3-12　《老屋》 章佳慧

图 3-3-13　《溪》 黄羽希

图 3-3-14　《花卉》 戴沁铭　　图 3-3-15　《花瓶》 郑梦瑶　　图 3-3-16　《银杏》 李妮窈

图 3-3-17　《戴头巾的人》 郑子凌

图 3-3-18　《河流》 金云淼

六、套色木刻版画作品赏析

赏析套色木刻版画作品(图 3-3-19 — 图 3-3-22)。

图 3-3-19 《童年系列》 李嘉慧

图 3-3-20 《童年系列》 李嘉慧

图 3-3-21 《玫瑰》 蔡舒畅

图 3-3-22 《桥》 李妍萱

七、思考与练习

1. 思考木刻版画和吹塑纸版画的异同。

2. 使用不同的木刻刀进行刻制,观察在纸张上印制出的效果。

3. 临摹一幅木刻版画作品。

4. 创作一幅木刻版画作品。

第四节　丝漏网版画的特点及其制作方法

教学目标: 学习并掌握丝漏网版画的表现方法和技巧;了解丝漏网版画的工具、材料和特点,培养细致有序的劳作观念,体验艺术活动的乐趣与审美享受。

教学重点: 熟练了解和掌握丝漏网版画的表现方法和技巧。

教学难点: 自主探索丝漏网版画的表现方法,挖掘创造力。

一、丝漏网版画的定义

丝漏网版画也叫孔版画,其原理为将颜色进行刮压,从网孔漏至承接物上,所以也称丝漏版画、丝网版画。丝网印刷目前在商业上得到大量的运用,它可以用来印刷广告、包装物、路牌、衣饰图案等,可以说随处都能见到丝网印刷的物品,它以制作快捷、经济,大小灵活,便于制作和印刷而受到社会的广泛欢迎。

二、丝漏网版画的特点

1.设备简单。基本的设备就是丝网、网框和胶刮。

2.制版及印刷方法简便、易掌握,尤其在多套色制版和印刷上,省时省力。

3.因网版是通透的,所以,底稿、印版上的画面与印刷后所得之画面是一致的,不必顾及反正。

4.印刷面积可以很大。

5.承印物不限于纸张,木材、皮革、玻璃、金属等都可以用来印刷。

6.承印物不限于平面,由于丝网有弹性,在弯曲、粗糙的表面都可以印刷。

7.表现方法多变化。印刷的颜料可为油性亦可为水性,都能运用自如。

8.突破了传统版画以黑白为主的局限,实现了多色彩化。

三、丝漏网版画的制作技法

(一)丝漏网版画工具

丝漏网版画工具有清洗剂、松节油、海绵、感光胶、吹风机、网版、橡皮、油漆笔、铅笔、刮板、丙烯颜料、纸等(图3-4-1)。

图 3-4-1   丝漏网版画工具

(二)丝漏网版画制作步骤

步骤1:起稿(图3-4-2)。用铅笔在网版上进行起稿,画得越详细越好,方便后续用油漆笔描摹。

步骤2:勾线(图3-4-3、图3-4-4)。先将油漆笔摇一摇,然后标注好网版的正反面;在网版的凹面进行勾线,线条应又粗又实,多画几次。

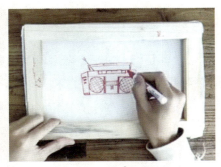

图 3-4-2   步骤 1   图 3-4-3   步骤 2-1   图 3-4-4   步骤 2-2

步骤3:涂感光胶(图3-4-5)。感光胶要涂在网版凸起的那面,来回涂6次,注意要均匀饱满。

步骤4:刮压(图3-4-6 — 图3-4-8)。用刮板进行来回刮,先朝一个方向,刮板与网版呈现45度角,来回6次,均匀刮满。

步骤5：吹干（图3-4-9）。用吹风机吹20分钟，吹至半透明状态，感光胶不粘手即可，一定要吹干。

步骤6：曝光（图3-4-10）。将丝网版放置在弱光处暴晒，避免阳光直射；晴天5分钟，阴天10分钟，下雨天不建议进行操作。

图3-4-5　步骤3

图3-4-6　步骤4-1

图3-4-7　步骤4-2

图3-4-8　步骤4-3

图3-4-9　步骤5

图3-4-10　步骤6

步骤7：擦洗（图3-4-11）。在海绵上倒上松节油，在丝网版上进行擦洗，稍微用力，不用担心擦破网面，正反面都要擦洗，擦洗至颜色比较淡即可（图3-4-12）；再用清洗剂进行冲洗，两边都要进行冲洗（图3-4-13）；最后，用清水洗干净（图3-4-14）。

步骤8：封胶带（图3-4-15）。用胶带将四周"封死"，避免漏墨。后续即可进行印制等步骤。

图3-4-11　步骤7-1

图3-4-12　步骤7-2

图3-4-13　步骤7-3

图3-4-14　步骤7-4

图3-4-15　步骤8

四、丝漏网版画作品赏析

赏析丝漏网版画作品(图 3-4-16 — 图 3-4-28)。

图 3-4-16 《植物系列》 念小婉

图 3-4-17 《植物系列》 念小婉

图 3-4-18 《香蕉》 孙潘

图 3-4-19 《水果》 孙潘

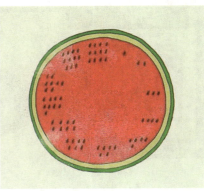

图 3-4-20 《西瓜》 林森

图 3-4-21 《柿子》 杨阳

图 3-4-22 《草莓》 周笑笑

图 3-4-23 《郁金香》 范岩

图 3-4-24 《墨水瓶》 陈盈盈

图 3-4-25 《花包》 胡晓丹

图 3-4-26 《杯子》 李超然

图 3-4-27 《鸟》 万小青　　　　图 3-4-28 《植物系列》 念小婉

五、思考与练习

1. 阐述制作丝漏网版画的感想。

2. 思考制作一幅优秀的丝漏网版画的关键之处。

3. 制作一张丝漏网版画。

4. 了解其他版画的制作流程。

第五节　版画在学前教育中的运用

教学目标：了解版画教育的意义与现状；学习使用不同材料制作版画，在操作过程中掌握印制的方法；感受版画的乐趣与美感，喜欢参与版画创作。

教学重点：理解简单的幼儿版画创作方法。

教学难点：幼儿对版画技能的认知。

一、版画在学前教育中的重要性

随着时代的发展，优秀文化与现实的有机结合已经成了当前教育的需求。教师在学前教育教学中也是如此，不能一味地照搬照用，要坚持古为今用，以古鉴今，坚持辩证地继承和发扬，实现幼儿园美术课堂与传统文化的融会贯通，使幼儿能够在课堂之中理解文化要义，使幼儿园美术课堂体现艺术性、人文性、文化性。版画立足于民间，它体现着各地的民俗和习惯，具有一定的本土特色，将其引入幼儿园美术课堂，能够促进幼儿园美术课堂的实践性、操作性、可行性。

一方面，版画与其他艺术相比，需要幼儿较强的动手操作能力，完成一幅版画不仅需要了解相关知识，而且需要对图形进行想象和构造，所以教师若能够将版画融入教学中，能够促进幼儿绘画艺术水平的提高，更能够引领幼儿综合能力的提升。另一方面，版画教学需要幼儿参与其中共同体验，因此对于幼儿而言，版画不会限制其想象思维，在一定程度上保护了幼儿的创新能力，能够开发幼儿思维中的积极因素，使其在创作中体现出创新性、想象性。此外，对于幼儿而言，教师通常会让其完成临摹来实现教育，这样的课程内容过于单一。将版画教学引入幼儿园课堂，可以实现幼儿想象力、主观创造性的培养，促进幼儿园美术课的丰富性、扩充性。

二、版画在学前教育中的意义

(一)利用版画资源,丰富幼儿园美术教育内容

版画通常蕴含有关国家、家乡以及地域的一些丰富的内容,深入挖掘这些资源,并引入幼儿园美术教学,能够有效丰富幼儿的学习内容。让幼儿在绘画学习的过程中了解不同地域的文化,使美术教学以核心素养理念为基准的课程目标得到有效开展,是实现幼儿全面发展的有效途径。

例如,教师在"太阳"版画课程教学时,可通过引导幼儿以印刻的方法画"太阳"。在艺术创作教学过程中,教师要明白版画艺术之中也蕴藏着我国优秀的传统文化,教师可以将这些优秀的传统文化引入美术课堂,丰富幼儿园美术课堂内容。在实际教学中,教师可采用多媒体技术为幼儿呈现"太阳"的图片,让幼儿观察"太阳",引领幼儿分析所呈现的图画含义;在与幼儿一起讨论后,教师可以为幼儿讲解图片中的故事,让幼儿以"太阳"为主题进行版画创作。

(二)激发幼儿学习版画兴趣,提升幼儿绘画水平

正是由于幼儿年龄和意识的局限性,将美术课堂与版画相融合能够凸显趣味性,让幼儿在美术课堂中见到更加有趣的内容。版画不"死板",它在一定程度上符合幼儿的认知特点,所以教师在教学中要有效挖掘版画中的内容,让版画对幼儿产生潜移默化的影响,让幼儿在认知中提升对版画的兴趣,提升绘画水平。

例如,教师在"蝌蚪人"版画课程教学时,由于当时地域以及条件的限制,教师未能带领幼儿做"蝌蚪人"。由此,教师可以将吹塑纸版画引入幼儿园美术课堂,让幼儿基于自己的兴趣选择水粉颜料、水粉纸、吹塑纸和铅笔。"现在,请小朋友们分成三人一组,两人一组制作版面,另外一人给水粉纸涂上底色,来完成'蝌蚪人'的制作……"教师引导幼儿在每一次动手创作中感受乐趣。同样,幼儿也可以以小组为单位,根据自己的需求,利用原料的多样性,呈现"蝌蚪人"的轮廓线以及颜色,并将其复刻在版面上,用手掌进行压挤,在印制的过程中让幼儿感受印刷的艺术。

(三)体验版画艺术创作,提升幼儿美术素养

首先,教师在实际教学过程中,应该有针对性地引导幼儿收集素材,让幼儿根据素材完善版画的创作。例如,教师可以引导幼儿根据学习内容选择吹塑纸版、综合版等多种类型,从当地的一些风俗习惯、名人轶事、风景名胜中找到自己喜欢的元素,并加以表达。其次,教师还应从图像识读、美术表现、创意实践等多个角度出发,指导幼儿进行版画创作,让幼儿在动手实践过程中感受到艺术的魅力。

例如,教师在教幼儿画最喜欢的人时,可以让幼儿基于自己的生活搜集一些素材。有的幼儿选择的是纸版画,纸版画的形式可以分为刻线法、贴线法、拼贴法;有的幼儿收集树叶和石头,拼贴出了老爷爷的形象;还有的幼儿通过剪影的方式,剪出了一个形状。上述艺术创作操作简单,且具有创意性,在节省材料的同时,将艺术的创新性表现得淋漓尽致。

总之,版画是中华优秀文化的载体之一。将版画融入幼儿园美术课程中,既能促进幼儿的动手能力,也能促进幼儿的审美能力、绘画能力等,使幼儿得到全面发展。因此,教师要将版画融入美术教学,让幼儿在绘画中感受文化魅力,让民族文化走入校园,使其能够得到传承、创新与发扬。

三、版画在学前教育中的应用

幼儿版画教学应该以幼儿的兴趣培养为主,以简单方便的操作和丰富有趣的内容来吸引幼儿,引导幼儿积累版画学习、创作的经验,增进幼儿对美术学习、创作活动的兴趣,引导其善于表现个性及创新。

(一)教学基础

版画表现手法多样,形式富有创造性,工具的使用、材料的选择让幼儿兴奋,可以刺激幼儿高涨的创作热情,为幼儿带来全新的触媒。版画的制作材料简单而丰富,随处可见。例如,玩具、笔盖、手指、各种形状

的树叶、大小瓶盖、蔬菜和教师雕刻的印章,等等。教师应以简单而丰富的制版材料,培养幼儿制作版画的兴趣和能力。以下为几种常见的类型及其教学要点:

1. 吹塑纸版画(图 3-5-1—图 3-5-3)。幼儿在创作时,应用铅笔在吹塑纸上画出要表达的图画的外形,画面线条要丰富,有较多的曲直、长短、疏密的变化,装饰意味浓,可以有多种不同的变化。

2. 纸版画(图 3-5-4、图 3-5-5)。幼儿在创作时,应用铅笔在硬卡纸上画出要表达的图画的各个部分,装饰意味要浓;随后,把各个部分剪下来,用乳胶粘贴成需要的画面。

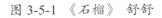

图 3-5-1 《石榴》 舒舒

图 3-5-2 《可乐》 周丽

图 3-5-3 《鳄鱼》 任怡

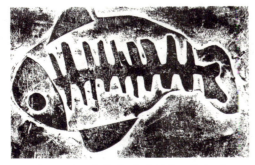

图 3-5-4 《岁月的痕迹》 倪伊甸

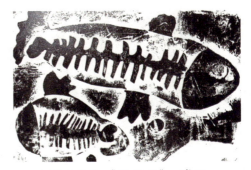

图 3-5-5 《石化鱼》 博涵

3. 综合版画(图 3-5-6—图 3-5-8)。幼儿在创作时,可用莲藕、树叶、杨桃、包装纸、卡纸、瓦楞纸,以及剪刀、铅笔、毛笔、刻刀、滚筒、胶水、颜料等工具,甚至手指,自由使用,进行艺术创作。教师应选择适合幼儿的版画教学内容和方法进行教学。

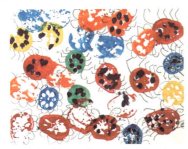

图 3-5-6 《藕片》 巍维

图 3-5-7 《树叶》 志迅

图 3-5-8 《彩虹》 周建帆

(二)教学示例

1. 实物拓印画。常见的实物拓印画有手指点画、实物印画等。

(1)手指点画。让幼儿用手指蘸上颜料点印在画纸上,画出樱桃、小草、小花等(图 3-5-9—图 3-5-12)。首先,让幼儿用手指蘸绿色的颜料画小草;随后,引导幼儿将手指擦干净,蘸其他颜色印制美丽的小花。为提高幼儿手指点画兴趣,教师还可以帮助幼儿画上树干,让幼儿点画桃树、樱花树、柳树等。

图 3-5-9 《春天》 郑子玉　　　　　图 3-5-10 《毛毛虫》 丽丽

图 3-5-11 《花香》 林凡　　　　　图 3-5-12 《小老鼠》 黄河

（2）实物印画。利用生活中常见的具有漂亮的外形和纹理的各种实物，经过加工，把这些物体进行切片，找出所需形状之后，再通过擦印或压印等手段，使实物的外形和内部纹理在纸上再现出来。

对于初学版画的幼儿来说，实物版画比较容易掌握，而且利用身边的实物进行版画压印活动，可以大大提升幼儿的好奇心和兴趣。此外，幼儿还可以玩具印画、珠子滚画、车轮滚画、纸团印画、树叶拓印等方法进行艺术创作。

2.漏印版画、填彩版画和粉印版画。

（1）漏印版画（图 3-5-13）。又称孔版漏印，是在纸板上设计出需要表现的形象，然后剪去此形象，使纸版呈镂空状，再用颜色涂在镂空位置的底纸上，印制出与纸版上一模一样的纹样作品的方法。

图 3-5-13 《满园》 陈子欣

（2）填彩版画和粉印版画（图 3-5-14 —图 3-5-16）。填彩版画的整个画面色彩感觉非常丰富,幼儿学习和掌握起来比较简易。粉印版画是在不同局部多次地涂绘各种颜料,使画面产生一版多色的效果,能充分发挥幼儿的想象力和创造力。

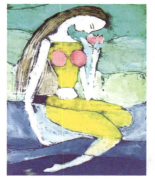

图 3-5-14 《富华》 林欣然　　　　图 3-5-15 《鱼塘》 胡晓丹　　　　图 3-5-16 《小兔子》 潘欣然

上述美术活动不仅能提高幼儿参与版画活动的兴趣和积极性,而且能发展幼儿的动手操作能力,也为以后学习油印版画、纸剪版画等奠定了基础。

四、思考与练习

1. 思考版画在教学中可以有哪些新的突破。

2. 谈谈教室里有哪些图案可以运用于版画创作与设计。

3. 阐述影响版画拓印效果优劣的因素。

4. 论述成人版画与幼儿教学的衔接运用方式。

第四章　中　国　画

第一节　中国画概述

教学目标：了解中国画的发展历史，感受中国画的意境美，增强民族自豪感。

教学重点：掌握工笔画和写意画的艺术特点，提高对中国画艺术形式的认知水平。

教学难点：通过对中国画历史背景及艺术特色的学习，领会蕴藏在中国画中深刻的传统人文思想；结合幼儿的审美需求，引导幼儿学会表现美、创造美。

中国画，通常是指运用毛笔、墨、宣纸、砚台、中国画颜料等中国传统工具完成的绘画。中国画按题材可分为人物画、花鸟画、山水画等；按使用材料和表现方法，主要分为工笔、写意和兼工带写等；按画幅大小及折叠方式可分为长卷、条幅、册页、斗方及扇面等。在创作上，中国画重视传达画家的主观感受和所绘对象的神态气质。在造型上，中国画大多讲究神似，而不强求形似。在表现技法上，对于能体现所绘对象神形的部分，画家常采用夸张及变形等手法进行刻画，而非追求对象的实际形貌。在构图上，中国画讲究经营位置，重视疏与密、虚与实之间的配合关系，打破了时空的限制，营造画家内心的景象。中国画艺术注重水墨的运用，以其特有的丰富的笔法和墨法，力求表达对象的外形、气质、神韵等，传情达意，具有独特的民族文化审美价值。

一、中国画艺术特点

中国画作为我国最早的绘画体系之一，经历了数千年的演变，具有鲜明而强烈的艺术特点。中国画不仅在观察认识、形象塑造上与西方绘画相比有着迥异风格和独特的艺术趣味，而且在表现手法和工具材料上，也与西方绘画有着明显的区别。中国画对客观物象的观察、体会、再现以及寄物传情的艺术理念渗透着画家的社会意识，因此，具有相应的认识作用、教育作用和审美价值，体现了中国人独到的思维方式和审美情趣。

（一）以线造型

"线"的装饰性萌芽于原始岩画，成熟于两周时期。原始时期的岩画、两周时期青铜器上的纹饰等，这些装饰纹样具备纯粹的"线艺术"形式美感。在中国画发展史中，线描有着十分悠久的历史，是中国人物画之精髓所在。

传统的中国画要求以线造型，利用线条来塑造所绘事物的外形轮廓。"十八描"便是古人根据生活中各种事物的特征总结出的人物造型的方法，大致可分为三类：一是游丝描，代表画家是顾恺之，特点为粗细均匀，线条变化少；二是柳叶描，代表画家是吴道子，特点为行笔快，变化多，线条中段粗；三是减笔描，代表画家是梁楷，特点为行笔快，多为侧锋用笔。根据所绘事物不同的形象特征和形体结构，古人在线的组织和技法上就会有所不同。古人通过用线表达物象的形貌和质感，以线造型，讲究形式美，使画面具有气韵生动的艺术效果。由此得出，中国画是线的艺术，线是中国画的灵魂。

（二）随类赋彩

中国绘画在古代称为"丹青"，最早是以色彩为主的画种。谢赫在《六法论》中提出"随类赋彩"，其含义大概分为两种，一是遵循客观色彩的真实性；二是重视主观因素的表达，即在原有色彩的基础上结合画面需要进行主观色彩应用。这一准则也成为中国古代时期传统绘画所遵循的设色原则，奠定了中国传统绘画设色理念的基本框架。因此，中国画家作品中物象的颜色常与实际不相符，却能展现出独特的审美趣味。

（三）诗、书、画、印结合

中国画讲究诗、书、画、印的有机结合，中国画也以这种独特的形式成为世界文化的瑰宝。中国画画面上题写的诗文跋语，既是画面的有机组成部分，也能体现画家对社会和人生的思考与认知；既深化了主题，也提升了画作的文化品位。

二、中国画种类

（一）人物画

1. 写意人物画

写意人物画也可以称为减笔水墨人物画。与精工细致的工笔画相比，写意人物画多了一些水墨意趣。写意人物画在线条、造型上灵活而富有变化，线条张力十足，墨色层次变化丰富，人物神态栩栩如生。

南宋画家梁楷发明了减笔人物画并创造了大笔泼墨法，开拓了写意人物画的新风向，成为宋朝写意人物画的代表性画家，其代表作有《李太白行吟图》《泼墨仙人图》（图4-1-1）等。梁楷擅用简练豪放的笔墨，形象生动地表现出人物的神态。《泼墨仙人图》整幅画面寥寥数笔，笔触狂放不羁，独具野逸潇洒的风格。

清代中期，在扬州地区活跃着一批年轻画家，其写意画风格鲜明独特，不拘泥于传统中国画技法，对后世写意画有着不可替代的影响。在扬州八怪中，黄慎以擅长写意人物闻名。黄慎作品《麻姑献寿》（图4-1-2）和《渔翁》（图4-1-3）用笔洒脱大胆，设色大胆，线条顿挫有致，运笔雄健，画中人物神态生动有趣，富有气势，给传统中国画带来了新的生机。

图4-1-1　《泼墨仙人图》梁楷　　　　图4-1-2　《麻姑献寿》黄慎　　　　图4-1-3　《渔翁》黄慎

在现代化的进程中,西方艺术似乎对架上绘画不那么青睐,特别是对具体的现实人物的塑造更是寥寥无几。当代中国的写意人物画,却对生活中的人物极其重视,以特有的笔墨和造型来表现各地的人物或事件,以表达心中之意。例如,翁振新常以表现惠安的闽海意韵为主题进行艺术创作,其作品有着较强的地域色彩。《穿越》(图4-1-4)、《磐石无语》(图4-1-5)等作品集写实与象征于一体,既有中国传统意味,又融西方艺术元素;在追求骨气的同时,又有生动、遒劲之感;作品情景交融,画面凝重深远。画家在深刻理解物象的同时,更融入自己的情感和体验进行艺术创作。

图 4-1-4 《穿越》 翁振新

图 4-1-5 《磐石无语》 翁振新

2. 工笔人物画

工笔人物画历史悠久,是中国画的重要绘画形式之一。工笔人物画是以人物为表现对象,以遒劲有力的线条勾勒外形,借助线条的粗细变化、曲直方圆以及运笔的抑扬顿挫,与简洁概括的造型进行有机结合,再辅以色彩分染、统染等中国画技法,细致地表现人物的质量感、动态感及空间感。

图 4-1-6 《簪花仕女图》 周昉

唐代既是我国封建社会的巅峰,也是工笔人物画的顶峰。这一时期的工笔画作品大多呈现出绚丽多彩、视觉冲击力强烈的绘画风格。其中,富有韵律感的线条、平面化和对称式的构图、鲜艳明朗的色彩等艺术元素都具有浓厚的装饰韵味。传世精品有周昉的《簪花仕女图》(图4-1-6)和张萱的《虢国夫人游春图》(图4-1-7)。唐代工笔人物画作品中,人物安排错落有致,疏密自然,设色浓艳而不失其秀雅,画功精细而不板滞,格调轻快活泼,对后代工笔人物画发展有着极其重要的影响。

图 4-1-7 《虢国夫人游春图》 张萱

　　随着现代社会的进步和发展,现代工笔人物作品在继承优秀传统工笔人物画的同时,以现代生活的题材及多元化的造型手法,尝试采用新的绘画材料、绘画技法等,既保持传统工笔人物的韵味,又有现代中国画的气息。例如,杨幼梅的人物工笔画《等》(图 4-1-8),表现下雨天的放学时间已过,小学学校门口还有三三两两的孩子在等待来接他们回家的家人,或翘首张望,或驻足等待;《新雨后》(图 4-1-9)表现小学生在公交车站候车的场景。上述两幅作品体现艺术来源于生活,画家以一位家长的视角观察成长中的孩子,表现当今生活的点滴,流露真情实感。

图 4-1-8 《等》 杨幼梅

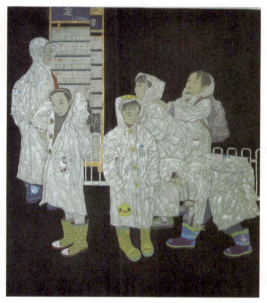

图 4-1-9 《新雨后》 杨幼梅

（二）花鸟画

1. 写意花鸟画

　　写意花鸟画是花鸟画的一种,即用简单概括的绘画技法来描绘花、鸟、鱼、虫等。古人通过对花、鸟、鱼、虫等的描写传情达意,托物言志。因此,写意花鸟画不单单是描绘花鸟,而是依据动植物与画家自身情感的联系而加以强化的艺术表现。画家通过创作花鸟画,表达自身的思想与追求。在绘画造型上,写意花鸟画不被物象的外形所束缚,注重的是"神似"而非"形似"。在构图上,写意花鸟画主体突出,讲究画面墨色的虚实变化,常与书法相结合,辅以印章。相较工笔花鸟画,写意花鸟画在画面设色上更为简练统一。

　　明清两代是中国写意画蓬勃发展的时期。明代画家沈周的花鸟画强调笔墨精妙,擅用水墨淡色,设色清淡,画风质朴。陈淳用生宣纸在水墨写意的基础上进行花鸟画创作,其作品水墨韵味有着前所未有的艺术效果,笔法挥洒自如,深受世人喜爱,创立了文人写意花卉的新风格。徐渭和陈淳一起开创了明代写意花鸟的新局面,他们的作品新奇别致,打破了传统中国画的题材界限。徐渭的水墨大写意花鸟用笔洒脱,墨汁酣畅淋漓,是中国写意花鸟画成熟的标志,与陈淳并称"青藤白阳"。《墨葡萄图》(图4-1-10)是徐渭的代表作品。

　　写意花鸟画发展到了清代,不得不提的画家是吴昌硕。吴昌硕的作品深受"青藤白阳"的影响,绘画题材主要以花卉为主,常以草书、篆书的笔法进行创作,因此,其作品具有浓厚的金石气息,笔力雄厚,设色浓艳,墨色变化丰富(图4-1-11、图4-1-12)。吴昌硕的绘画风格影响了众多近现代绘画大师,是我国写意花鸟史上关键的人物。

图4-1-10　《墨葡萄图》　徐渭　　　　图4-1-11　《梅花》　吴昌硕　　　图4-1-12　《枇杷》　吴昌硕

　　齐白石作为近现代写意花鸟画的代表人物,主张艺术"妙在似与不似之间"。齐白石的绘画吸取徐渭、吴昌硕等的优点,形成别具一格的大写意风格。齐白石开红花墨叶一派,尤以瓜果菜蔬、花鸟虫鱼为工绝,与吴昌硕并称"南吴北齐"。齐白石的绘画作品(图4-1-13、图4-1-14)笔墨酣畅,将质朴浪漫的民间艺术风格与传统的文人画风进行了完美的融合,达到了中国现代花鸟画的顶峰。

图 4-1-13 《虾》 齐白石　　图 4-1-14 《大寿》 齐白石

在新的历史时期,当代写意花鸟画也有了新的创作样式,画家常常以独特与新颖的构图形式,结合当代的绘画理念,来表达对时代内涵的理解,让观者感受到社会的审美情趣。例如,在杨幼梅的作品《墨影映清莲》(图 4-1-15)中,画家用泼墨法来表现莲花出淤泥而不染的高洁气质;《玉杯华浓》(图 4-1-16)、《染透春风》(图 4-1-17)两幅作品,画家以特有的色彩感受和事物感知,用女性的视角和情怀,借助传统水墨表达对生活的感悟,对自然的热爱。

图 4-1-15 《墨影映清莲》 杨幼梅　　图 4-1-16 《玉杯华浓》 杨幼梅　　图 4-1-17 《染透春风》 杨幼梅

2. 工笔花鸟画

工笔花鸟画与写意花鸟画相对应,即运用中国传统绘画材料,在熟宣纸或熟绢上对花、鸟、鱼、虫进行工整细致的创作,是一种特殊的画种与技法。

工笔花鸟画到宋代之所以达到顶峰,一是宋代画院将各地精英画家收入麾下,并汲取五代画院的经验;二是宋代画院体制得到完善,促进了画家们的创作发展;三是皇帝赵佶本人十分喜爱绘制工笔花鸟画,颇有建树。赵佶把北宋工笔花鸟画的水准推向前所未有的高度,其代表作有《桃鸠图》(图4-1-18)、《芙蓉锦鸡图》(图4-1-19)等,画风清幽隽雅,工细精谨,具有富贵绮靡之风。

图4-1-18 《桃鸠图》 赵佶   图4-1-19 《芙蓉锦鸡图》 赵佶

与此同时,宋代还有许多民间优秀画家留下的花鸟册页。宋人册页构图严谨精细,形态生机勃勃,画技繁冗精密,风格雅逸沉和,显现出别具一格的美感(图4-1-20、图4-1-21)。因为篇幅的限制,册页通常用来表现局部的景物,以少胜多,以小见大,颇有一番意趣。

图4-1-20 《花鸟工笔》(宋) 佚名   图4-1-21 《花鸟工笔》(宋) 佚名

当代工笔花鸟画的发展,也随着社会的不断发展由继承走向创新,很多画家巧妙地运用现代工笔画技法融入当代文化元素,突破中国传统工笔花鸟画的样式和题材,他们风格各异,提炼客观事物,用自己独特的方式主观地表达对事物、对社会的感受。例如,杨幼梅《荷池》(图4-1-22)、《牡丹》(图4-1-23)、《蓝蓝情切》(图4-1-24)三幅工笔作品,以斑斓的色彩、流淌的水迹结合传统的晕染、提染等手法,惟妙惟肖地表达画家对美好事物的感受。

图 4-1-22 《荷池》 杨幼梅

图 4-1-23 《牡丹》 杨幼梅

图 4-1-24 《蓝蓝情切》 杨幼梅

（三）山水画

1. 写意山水画

写意山水画是用简练的笔墨技法描绘自然界的景物的画种。写意山水画多画在生宣上，运笔挥洒，笔墨酣畅，与工笔画相比，更能呈现事物的神韵，抒情达意。写意山水画的主旨是用超脱的思想情感和感悟表达画家的内心世界，写心中之山水。

元代山水画大兴，涌现了倪瓒、黄公望等山水画大家，这一时期的山水画以水墨渲染代替了元以前工致艳丽的画风，以干笔皴擦代替唐宋的湿笔渲染。北宋范宽的《溪山行旅图》（图 4-1-25），元代倪瓒的《山水图轴》（图 4-1-26）、《柯竹石亭图》（图 4-1-27），元代黄公望的《富春山居图》（图 4-1-28）等，作品笔墨线条变化多端，形成清雅高逸、苍茫雄健的画风，充分展现了画家的思想与个性，是中国山水画的高峰。

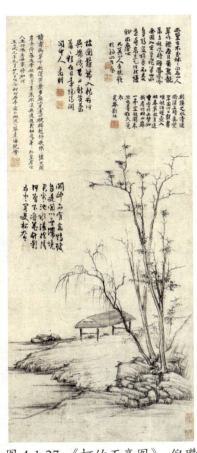

图 4-1-25 《溪山行旅图》 范宽　　　　图 4-1-26 《山水图轴》 倪瓒　　　　图 4-1-27 《柯竹石亭图》 倪瓒

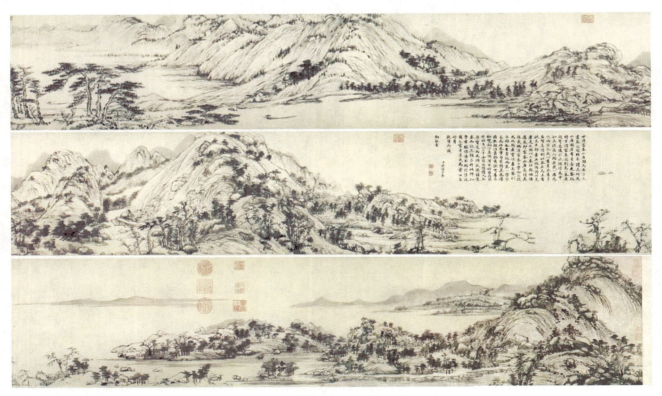

图 4-1-28 《富春山居图》 黄公望

图 4-1-29 《田野的边缘》 林容生

　　在全球化的背景下,随着现代经济的发展和社会面貌的变化,画家在继承优秀的传统山水画的精神的同时,更要表现现代的生活风貌和时代精神。例如,林容生的山水作品《田野的边缘》(图 4-1-29),以现代人的胸襟提炼、吸收古典元素进行艺术创作,三绿色与淡淡的赭石色、蓝紫色相间,作品古典而清新,在宁静中透射出生命的热情,在安逸中呈现时空的悠远,散发出南方温润、清幽的气息;作品《希腊写生之五》(图 4-1-30),以中国特有的水墨画描绘异国风情,画家以独特的视角和心境用恰如其分的艺术语言表现圣托里尼岛的风光。

图 4-1-30 《希腊写生之五》 林容生

2. 工笔山水画

工笔山水画在魏晋南北朝时逐渐发展,但大多以工笔人物的形式出现。隋代开始,工笔山水画逐渐从人物画中脱离出来,形成独立的画科。工笔山水画发展到北宋更趋成熟,涌现了许多专作山水画的画家。例如,天才少年王希孟,他的作品《千里江山图》(图 4-1-31 — 图 4-1-35)以长卷的形式描绘了祖国的锦绣山河,用笔细腻严谨,设色匀净清秀,构图疏密有致,气势连贯,是美术史上不可多得的工笔山水作品。

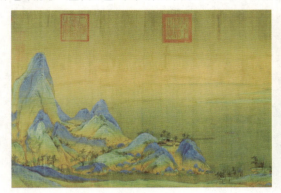
图 4-1-31 《千里江山图》(局部) 王希孟

图 4-1-32 《千里江山图》(局部) 王希孟

图 4-1-33 《千里江山图》(局部) 王希孟

图 4-1-34 《千里江山图》(局部) 王希孟

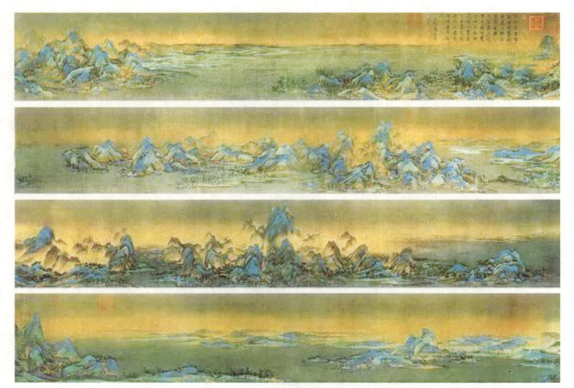
图 4-1-35 《千里江山图》 王希孟

在漫漫山水画之路上，现代工笔山水画的创作中也有了独特的形式、语言和图示。例如，林容生笔下的《三坊七巷10》（图4-1-36）、《逝去的风景》（图4-1-37）描绘的是老屋深巷，却无丝毫凋零、没落、颓废之感；画面兼备清雅与古厚，柔静、温婉，有深远与简淡的意味，人与自然相依相存的亲和感。画家用击、撞、染、堆、冲、洗、擦等方法加强笔触、笔迹和肌理的可读性，为观者提供更为丰富的视觉感受。

图4-1-36 《三坊七巷10》 林容生　　　　图4-1-37 《逝去的风景》 林容生

三、思考与练习

1. 结合中国画的艺术特点，赏析一幅中国画作品。

2. 简述工笔画与写意画的不同艺术特点。

第二节　中国画工具材料

教学目标：了解中国画的基本工具材料及特性，激发对中国画的创作激情；学会通过绘画表达自己的思想情感。

教学重点：掌握中国画基本工具的使用方法，了解各类材料的表现特点。

教学难点：在掌握材料特性的基础上，灵活运用基本工具进行创作。

绘制国画的工具材料主要有：绢、宣纸、毛笔、墨汁、颜料、调色碟等（图4-2-1）。学生初学时，用纸可以选择"书画宣""冰雪宣"等。纸、墨、笔、颜料可以选择一些正规品牌。

图4-2-1　绘制工具材料

一、用纸

一般而言，中国画可分为工笔画和写意画。工笔画一般使用熟宣纸或熟绢，写意画一般使用生宣纸、半生熟宣纸。

生宣纸吸水性和渗水性强，遇水即化，墨色易产生丰富的变化，能表现水墨韵味，多适用于写意画。熟宣纸是在生宣纸上刷胶矾水加工而成的，不吸水且不渗漏，能进行反复晕染。选择熟宣纸时，以质地薄、面料匀、胶矾适度为佳。熟宣纸宜用纸包严存放，以免漏矾，如遇到漏矾现象，可用胶矾水平刷在漏矾处。

绢，分为生绢和熟绢。工笔画宜用熟绢，熟绢性能与熟宣相仿，其质地更加细腻结实，且更有张力，可进行反复洗染，也可在背面衬托、渲染颜色。

二、用笔

中国画常用笔分为三类：软毫、硬毫与兼毫（图4-2-2—图4-2-5）。

软毫，笔身柔软细腻，笔体主要由羊毫制作而成，蓄水量大，弹性较弱，一般用于大面积物体的着色或晕染颜色。

硬毫，笔身劲挺、弹性强，笔体主要由狼毫制作而成，也有用鼠、貂和猪鬃制成的，蓄水量较小，一般用于勾线或刻画物体细节部分。

兼毫，笔体由软毫和硬毫制作而成，一般外层为羊毫，笔锋处掺杂少许狼毫，软硬适中，含水量适中，勾画着染皆可，初学者常用的有如大、中、小白云笔，衣纹笔等。

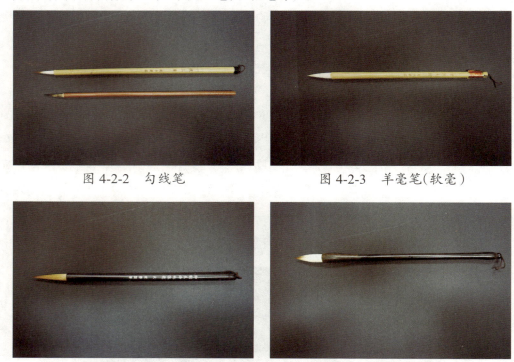

图4-2-2　勾线笔　　　　　　　　图4-2-3　羊毫笔（软毫）

图4-2-4　狼毫笔（硬毫）　　　　　图4-2-5　兼毫笔

三、用墨

中国画常用墨分为松烟墨和油烟墨（图4-2-6—图4-2-8），两种墨用途各异。松烟墨无光泽，适用于动物的翎毛及人物的毛发或树木与石头的擦染。油烟墨光泽透亮、淡而透明、黑而不浊，适宜勾染，用途较广。

图 4-2-6 油烟墨

图 4-2-7 墨汁

图 4-2-8 松烟墨

四、用色

中国画颜料主要分为矿物质颜料、植物性颜料以及化学合成颜料三类（图 4-2-9）。

矿物质颜料也称为"石色"，从矿石中提炼而成，不透明，覆盖力强，一般呈块状。矿物质颜料包括石绿、石青、朱砂等。

植物性颜料也称为"水色"，透明，一般呈膏状。植物性颜料包括胭脂、曙红、花青等，水色宜渲染、薄涂。

现在我们常见的成品中国画颜料，一般为管装、化工合成，使用时色彩特点与传统色相似。化工合成的色彩不如传统国画颜料色泽沉稳，但价格相对实惠，使用方便，初学者可以选用成品的中国画颜料，在掌握色彩的基本规律后，根据个人喜好换用天然色颜料。

图 4-2-9 中国画颜料

五、辅助工具

1. 调色碟。准备几个白色瓷碟，墨色的浓淡干湿都要在调色碟里调和再用。

2. 毛毡。在画写意画的过程中，因生宣纸吸水性强，需准备一张毛毡垫于纸下，防止墨色渗透桌面使得画面水墨难以控制，初学者可根据画幅大小选购毛毡尺寸。

3. 笔洗。作画时涮洗毛笔的容器，多为浅盆瓷器。

六、思考与练习

1. 使用中国画基本工具，了解各类材料的表现特点，感受不同毛笔、宣纸的性能。

2. 尝试运用软毫、硬毫与兼毫等毛笔进行笔墨练习，感受不同毛笔的特点。

3. 尝试运用生宣、熟宣进行笔墨练习，感受不同宣纸的特点。

第三节　工笔画的特点及技法

教学目标：了解工笔画的发展历史和基本技法,激发学习工笔画的兴趣;通过对工笔画的学习,对中国画有全面的认识,深入了解中国传统文化,激发对中华优秀传统文化艺术的热爱之情。

教学重点：掌握工笔画的基本用笔及勾勒、着色技法,熟悉笔墨属性;了解工笔画造型表现特点,对中国画线条有一定的认识。

教学难点：能灵活运用线条表现出花卉的质感,并运用笔墨变化表现出禽鸟的灵动活泼,体会工笔画的韵味。

工笔画作为中国最早的绘画形式之一,经历了数千年的演变,具有强烈的美感,这一画体具有其独特的风格面貌,其特点大致归纳如下:在线条上,以线造型是工笔画技法的特点,工笔画中的线大多工整、细腻、严谨,圆浑润滑,行笔流畅飞扬,一般以中锋用线为主。在赋色上,设色浓艳而不失秀雅,色调轻快活泼。在造型上,精练概括,生动传神,具有浓郁的中华民族色彩审美意趣。

一、工笔画线描基础

勾描法是中国工笔画的基础技法之一,其以笔勾勒物象的外轮廓线,也叫描法。因为以线造型是中国画基本的表现语言,所以不管哪类题材都少不了勾线。

（一）如何执笔

中国画初学者必须掌握执笔的要领(图4-3-1)。勾描执笔的关键在于"指实掌虚",即拇指、食指和中指分别夹住笔杆中上部,无名指抵住笔杆下部,小拇指向无名指靠拢起辅助作用。作画时,如勾短线条,以手腕"搓"动运笔,如勾中长线条,则以肩或肘为轴心运笔。

（二）勾描的几种常见运笔方法

勾描有多种运笔方法(图4-3-2)。具体而言,可分为以下几种:

中锋运笔:笔杆垂直于宣纸,笔锋在线条正中间运行,线条饱满圆润,富有弹性。

侧锋运笔:笔杆侧倾于画面,运笔时笔锋偏向一侧,线条粗细不均,富有变化。

逆锋运笔:行笔时,笔锋在前,笔杆向后,推动笔杆倒逆运行,线条苍劲有力,粗涩古拙。

图4-3-1　工笔勾描执笔

图4-3-2　中锋、侧锋、逆锋

二、勾勒技法

（一）工笔花卉勾勒技法

1.花朵的勾勒

白描花卉靠用笔用墨表现花卉的质感,通常用较细、较淡的墨勾花,用较重、较粗的线勾茎叶等。

花朵一般由花萼、花蕊、花瓣、花托和花柄等部分组成。花朵分单瓣和复瓣。单瓣花只有一层,由四瓣或五瓣组成,花瓣数量与萼片数量相等。复瓣花的花瓣至少两层,萼片数量多少不等,花瓣形状有平瓣、管瓣、兜瓣等区别。

了解了花朵的基本生长规律,下一步就该绘制花朵了,花朵的勾勒可以遵循以下规律:

(1)勾线顺序,先梳理花朵结构线条的前后关系。然后从上到下,从左到右,从靠前的花瓣到靠后的花瓣按顺序依次勾线。

(2)需注意掌握形体结构和表现质感。勾线时需注意花瓣边缘线的处理,边缘线表现了花瓣的轮廓特征,线条宜顿挫,富有变化,粗细连断有序;转折线体现花瓣的翻折变化,线条宜有弹性且匀润饱满。

(3)花瓣虽然形状、组合形式各式各样,但勾线的技法与用笔规律基本一致。初学者在掌握基本运笔后,结合观察生活中的花卉,总结其特征规律,就能更好地表现不同花卉的结构质感了。

【教学范例】水仙花工笔勾勒(图4-3-3—图4-3-7)

图4-3-3　水仙花盆景

步骤1:先画前面的花,用淡墨中锋勾画水仙花的花萼。

步骤2:用淡墨中锋勾画水仙花的花瓣。

图4-3-4　水仙花工笔勾勒步骤1　　　图4-3-5　水仙花工笔勾勒步骤2

步骤3:用同样的方法画后面的花,然后用淡墨中锋勾画水仙花的花托和花柄。

步骤4:用淡墨中锋勾画被遮住只露出几片花瓣和远处的水仙花。

图4-3-6　水仙花工笔勾勒步骤3　　　图4-3-7　水仙花工笔勾勒步骤4

2. 叶子的勾勒

一般而言,叶的生长形态分为单叶和复叶。

单叶有扇形叶、掌形叶、针形叶等。叶子边缘形状完整的叫全缘叶,有残缺的叫浅裂叶、深裂叶。

叶片的线条相对花朵要硬朗一些,勾勒技法大同小异。勾勒时,需注意叶片转折的地方线条要有顿挫感;叶脉的线条要匀润饱满,富有弹性;叶梗的勾勒要坚挺,并注意与枝干连接的位置是否符合植物生长规律。

植物叶片的绘制需注意不同植物有不同的生长结构。初学者需多观察分析,掌握其生长结构,才能得心应手地表现叶片的质感。

3. 枝干的勾勒

花卉的绘制自然少不了枝干的描绘。有的枝干表面光滑,如李树、桃树等;有的枝干盘曲干枯,如松树、柏树等;有的枝干布满毛刺,如枣树等。

各类植物的枝干虽在外形上有较多差异,但绘制的基本顺序相差无几。在描绘枝干时,要先观察枝干的生长顺序,再注意枝干穿插的前后关系,应根据画面需要有所取舍。

【教学范例】水仙花工笔勾勒(图4-3-8、图4-3-9)

水仙花的叶子长,未经人工雕刻的叶子直又长,经过人工雕刻的叶子姿态各异。

水仙花的工笔勾勒需要画根须。

图4-3-8　水仙花白描叶子　　　　图4-3-9　水仙花白描根须

(二)工笔禽鸟的勾勒技法

1. 禽鸟结构及特点

禽鸟的身体结构可大致分为头、颈、腿爪、翅尾等部分。鸟头包括嘴、脸、顶、额等部分,是区别不同种类禽鸟的重要标志之一。

禽鸟的躯干由胸、背、腹组成,胸腹的羽毛大多细密柔软,背上的羽毛则较粗大。

禽鸟的腿爪由胫骨、趾骨、跗跖骨等组成,腿爪的外形因需各异,如游禽因划水需要而脚趾带蹼,猛禽因捕猎需要脚爪尖锐锋利。

禽鸟的翅,最长的羽毛为一列飞羽,稍短而圆的为二列飞羽,二列飞羽旁呈现递减状的三根羽毛是三列飞羽。覆盖在飞羽上的羽毛为覆羽。善于飞行的鸟类一般双翅宽大而尖,不善飞行的鸟类翅膀短而圆。

了解鸟类基本生理结构后,如何将其灵巧生动的形象描绘出来,对于白描勾勒是关键的一步。

2. 勾勒步骤要领

禽鸟全身被羽毛覆盖,但背部羽毛硬挺,腹部柔软。禽鸟的喙是坚挺的角质,眼是透亮的晶状体。在刻画这些不同质感的部位时,就要用不同的技法处理。

在绘制时要注意虚实变化,需实画头部,虚画颈部;脚爪要实,与翎毛接触之处要虚。白描勾勒禽鸟一般先画眼、嘴、头部,再画背、翅、尾、胸腹,最后画腿、爪。勾勒线条是一个由生疏到熟练的学习过程,需要足够的耐心。

3. 禽鸟白描勾勒

白描勾勒鸟一般先画眼、嘴、头部,再描绘胸腹、背、翅膀和尾部,最后画腿、爪。

【教学范例】禽鸟白描勾勒(图 4-3-10 — 图 4-3-16)

步骤 1:先用稍重墨色勾勒禽鸟眼睛,运笔要饱满圆。

步骤 2:再用同样墨色勾勒嘴尖处,用线较实,嘴根处较虚,勾嘴时线条要硬挺。

步骤 1

步骤 2

图 4-3-10 禽鸟白描勾勒步骤 1　　　　　图 4-3-11 禽鸟白描勾勒步骤 2

步骤 3:勾勒头部外形,同时画出羽毛时,用线要虚入虚出,用墨稍淡。

步骤 4:勾勒翅膀时需注意,鸟类翅膀较硬挺,用线需饱满粗壮,羽尖处运笔要圆转,墨色稍重。

步骤 3

步骤 4

图 4-3-12 禽鸟白描勾勒步骤 3　　　　　图 4-3-13 禽鸟白描勾勒步骤 4

步骤 5:用同样的墨色勾勒尾巴及腹部羽毛。

步骤 6:用坚挺平直的线勾勒腿爪,爪尖宜用干且浓的重墨描绘,表现出坚硬有力,同时画出枝干。

步骤 5

步骤 6

图 4-3-14 禽鸟白描勾勒步骤 5　　　　　图 4-3-15 禽鸟白描勾勒步骤 6

步骤7：用稍淡的墨色短笔触勾勒羽毛。

步骤7

图 4-3-16   禽鸟白描勾勒步骤7

三、工笔花鸟基本的着色技法

在确保线条的基本质量后，就可学习运用平涂填色、分染等着色技法。

（一）工笔花鸟的着色技法

工笔花鸟的着色技法大致分为以下几种：

1. 平涂：在分染前，先均匀地铺上一层颜色，叫平涂。平涂的色块要求匀净润泽。

2. 统染：在着色过程中，根据画面的需要设计明暗关系，可以将几片叶子、几片花瓣统一渲染，让画面有整体的明暗与色彩关系，称为统染。

3. 分染：分染时，需用两支笔，一支蘸颜色，另一支蘸清水将颜色晕染开。色笔的水分多一些，水笔的水分少一些，少量多次反复晕染，直至满意为止。

4. 罩染：在分染好的底色上，用透明色薄薄地罩上一层，为罩染。

5. 提染：在已经染好的颜色上，用白粉或其他亮色为物体进行提亮，为提染。

6. 积水：先在宣纸上用色彩或墨色进行积水，再根据画面需要趁湿加入清水或其他颜色，使其相互冲撞形成纹理。

（二）荷花的基本着色

【教学范例】荷花的基本着色（图 4-3-17 — 图 4-3-29）

步骤1：拷贝线描稿，用浓淡适宜的墨色勾勒出来。

步骤2：由于宣纸为仿古色，所以先以中国画颜料钛白分染较亮的花瓣。

步骤1

图 4-3-17   荷花着色步骤1

步骤2

图 4-3-18   荷花着色步骤2

步骤3：用钛白淡淡地平涂花瓣。

步骤4：根据画面需要，可拿钛白再次对花瓣进行渲染，以增加荷花的质感。

图 4-3-19　荷花着色步骤 3　　　　图 4-3-20　荷花着色步骤 4

步骤5：用墨结合积水法渲染花瓣周围的环境，以烘托出洁白的荷花。

步骤6：用花青加墨大面积渲染荷叶及花的周围，接着用淡青色淡淡地分染花瓣的阴影处，注意分染面积不宜过大。

图 4-3-21　荷花着色步骤 5　　　　图 4-3-22　荷花着色步骤 6

步骤7：根据画面需要，用花青加墨再次对地面进行晕染，进一步加深荷叶的颜色。接着用淡花青加淡墨分染水草。

步骤8：用淡淡的曙红分染花尖，赭黄色分染水草尖部。

图 4-3-23　荷花着色步骤 7　　　　图 4-3-24　荷花着色步骤 8

步骤9：用胭脂加曙红再次分染花尖，增加花瓣色彩饱和度，并用勾线笔蘸胭脂色勾出花瓣的纹路。

步骤10：用淡墨加花青对花瓣阴影处进行加深，进一步调整花瓣前后的层次关系，然后用钛白提染个别前面的花瓣。水草以花青色为主，加少许藤黄、赭石，罩染正面叶片。

步骤9

图 4-3-25　荷花着色步骤 9

步骤10

图 4-3-26　荷花着色步骤 10

步骤11：用淡三绿色分染花房，接着用藤黄加白色点染花蕊。

步骤12：根据整体画面进行局部调整，并签字。

步骤11

图 4-3-27　荷花着色步骤 11

步骤12

图 4-3-28　荷花着色步骤 12

步骤13：根据画面安排的需要，在适当的位置盖章，一幅荷花作品就完成了。

步骤13

图 4-3-29　荷花着色步骤 13

四、思考与练习

1. 练习工笔画的基本运笔及勾勒、着色技法,体会工笔画的韵味。

2. 练习作业:白描花鸟勾勒练习;工笔花鸟着色技法练习;工笔花鸟画临摹练习。

第四节　写意画的特点及技法

教学目标:了解写意画的基本技法,体验写意画的笔墨乐趣,激发对传统写意画的兴趣,增强民族自信心,通过实践培养创造力和实践力。

教学重点:掌握写意画的笔墨技法及特性。

教学难点:通过实践体会,运用写意画的基础技法进行创作。

写意画是具有鲜明特色的中国画艺术形式,具有数千年的演进历史。写意画笔墨精练,高度概括,色彩浓重,给人以强烈的视觉感受。

一、基本的墨色和技法

学习写意花鸟之前,要先了解基本的墨色和技法。

(一)墨分五色

中国画讲究墨分五色(图 4-4-1),具体为:浓、淡、干、湿、焦。

图 4-4-1　浓、淡、干、湿、焦

1. 浓墨:墨多水少,墨色呈浓黑色,变化少。

2. 淡墨:水多墨少,墨色淡而有神,变化丰富。

3. 干墨:墨中水分少,可表现苍劲的笔触,常用于山石的皴擦。

4. 湿墨:水和墨的含量都比较多,相互作用,变化丰富。

5. 焦墨:比浓墨更黑,常用来突出画面最黑处。

(二)写意花鸟技法

1. 点染法:点染是指一笔下去点出浓、淡、深、浅,以点代染的方法。

2. 勾勒法:勾勒法用线概括凝练,不拘泥于形似,富有变化,线与墨色相互融合,自然而和谐。

3. 泼墨法:泼墨是指根据画面需要将大块墨色直接泼洒在纸面上,也可以泼洒颜色或墨彩混泼,常见于花鸟大写意的创作。泼墨前需对画面有一个初步的构思,墨的浓淡干湿都要考虑在内,泼下的墨常常会产生意想不到的效果。

4. 积墨法:积墨是指在画面上用重墨层层积染,这种技法用来表现山石树木,可呈现出雄厚凝重的画面效果。

5. 没骨法:没骨法所绘的物象不勾勒轮廓线,直接用墨和色块表现。

（三）写意花鸟范例

1.浓墨写意鸟

【教学范例】浓墨写意鸟（图4-4-2—图4-4-8）

步骤1：用浓墨勾画出鸟的嘴和眼睛。

步骤2：用浓墨点出鸟的头和颈。

图4-4-2　浓墨写意鸟步骤1　　　　图4-4-3　浓墨写意鸟步骤2

步骤3：用墨画出胸、翅膀及腹部，中锋运笔勾画鸟爪，墨色要浓，水分宜少，以体现鸟爪的锋利，用淡墨画飞羽的空白处。

步骤4：用淡墨勾勒岩石和小草，三绿调淡墨、赭石调淡墨染石头，用墨点表现岩石上的苔点。

图4-4-4　浓墨写意鸟步骤3　　　　图4-4-5　浓墨写意鸟步骤4

步骤5：淡墨湿笔营造近处的草，长短结合。

步骤6：淡墨写石头后面的草，增加画面的层次感。

图4-4-6　浓墨写意鸟步骤5　　　　图4-4-7　浓墨写意鸟步骤6

步骤7：侧锋起笔，画出远处的树干，注意毛笔的水分少一些，浓淡结合以表现树干的苍劲。最后，用曙红点画出枝干上的果子。

步骤7

图 4-4-8 浓墨写意鸟步骤 7

2. 淡墨写意小鸟

【教学范例】淡墨写意小鸟（图 4-4-9 —图 4-4-14 ）

步骤1：用毛笔蘸赭石色加墨，藏锋起笔点出两只小鸟头部的位置。

步骤2：用浓墨渴笔勾画出小鸟的嘴巴和眼睛。

步骤1

步骤2

图 4-4-9 淡墨写意小鸟步骤 1　　　　图 4-4-10 淡墨写意小鸟步骤 2

步骤3：淡墨中锋运笔勾出鸟的头及身体的外形，注意两只鸟前后的遮挡关系。

步骤4：毛笔笔肚留一些水分，蘸花青调淡墨，侧锋表现小鸟腹部的羽毛。再用稍浓一点的墨中锋画出翅膀和爪子。

步骤3

步骤4

图 4-4-11 淡墨写意小鸟步骤 3　　　　图 4-4-12 淡墨写意小鸟步骤 4

步骤5：湿笔淡墨画出树干和枝条，并用淡淡的花青调淡墨、赭石调淡墨点出叶子和果实，点的时候注意深浅和疏密变化，营造画面气氛。

步骤6：根据画面需要进行局部处理，署名盖章，一幅写意小品就完成了。

图 4-4-13　淡墨写意小鸟步骤 5　　　　图 4-4-14　淡墨写意小鸟步骤 6

3. 写意梅花

【教学范例】写意梅花

梅花是中国十大花卉之一，代表着君子高洁傲岸的品格，梅花也是写意花鸟入门花卉之一。

梅花有单瓣和复瓣两种花式，有正、侧、背等朝向，花形有待放的、初放的、绽放的，等等。写意梅花一般以单瓣梅花为主。梅花共有五瓣，花瓣呈扁圆形，颜色有红色、粉色、白色、黄色等。画梅花的技法以点梅法和圈点法为主。

点梅法：用毛笔直接点画出花瓣的结构或形态。绘制梅花时笔上的水分可以稍多些，用湿笔直接点出梅花花瓣（图 4-4-15 ）。

图 4-4-15　点梅法

画梅花的用笔比较讲究，每一笔都要注意浓淡变化，起笔藏锋，收笔收锋，每片花瓣之间的笔触有着"笔断意连"的境界。

圈点法：圈点法是常见的表现技法之一，运笔在方圆之间找变化，圈点出的花瓣大小相衬，前后簇拥，运笔应遒劲有力，笔触避免过于弯曲或纤细，笔上的水分相较"点梅法"要少一些（图 4-4-16 ）。

图 4-4-16　圈点法

梅花枝干画法：梅花的枝干形态各异，画枝干时，中锋运笔，线条宜沉着有劲，墨色应有浓淡干湿的变化，注意毛笔水分不宜过多，避免画出来的枝干过于绵软松散（图4-4-17）。

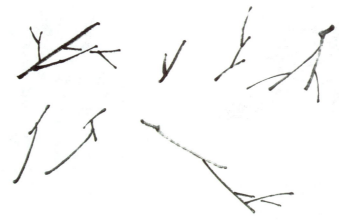

图 4-4-17　梅花枝干画法

【教学范例】点画梅花（图4-4-18—图4-4-21）

步骤1：首先，枝干侧锋起笔，运笔过程中逐渐转为中锋，由粗到细。注意运笔的力度变化以及画面的疏密安排。接着，用稍淡的墨色画出第二层次的梅枝，枝干之间不需要完全接连，适当断开留白，预留出遮住枝干的花的位置。

步骤2：用碟碟调少许曙红点画梅花，多朵梅花组合时要注意疏密有致，以三四朵梅花为一组围绕枝干生长。根据画面需要，有的地方花朵相较树梢处密集一些，以正面的花朵为主，侧面和背面的花朵相结合，有的地方花朵稀疏一些，树梢上以花苞为主，注意花的姿态及花朵之间疏密、前后的变化。

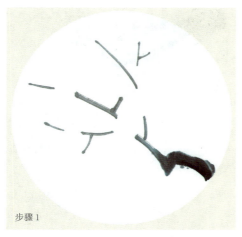

图 4-4-18　点画梅花步骤1　　　　　图 4-4-19　点画梅花步骤2

步骤3：完成梅花造型后，再根据构图需要点出花苞，用浓墨点上花蕊和花蒂，之后用淡碟碟色点靠后的花瓣，增加画面的层次感，注意浓淡和疏密变化。

步骤4：根据画面效果整体调整画面，题款盖章，一幅点画梅花就完成了。

图 4-4-20　点画梅花步骤 3　　　　　图 4-4-21　点画梅花步骤 4

【教学范例】白梅花绘画(图 4-4-22 —图 4-4-24)

步骤 1：中侧锋运笔,画出梅花的主枝干,留出朝前面梅花的位置,注意组织枝干的疏密。

步骤 2：毛笔蘸淡墨,中锋运笔圈点出梅花花瓣与花蕊,圈画花瓣时要注意花朵的前后遮挡关系,接着用藤黄色点染花蕊。

图 4-4-22　白梅花绘画步骤 1　　　　图 4-4-23　白梅花绘画步骤 2

步骤 3：用淡墨调淡淡的藤黄点染梅花外围,突出白梅的色彩,增加画面的层次感,对作品进行最后的细节处理,署名盖章,一幅白梅花作品就完成了。

图 4-4-24　白梅花绘画步骤 3

【作品欣赏】《墨梅卷》王冕(图4-4-25)

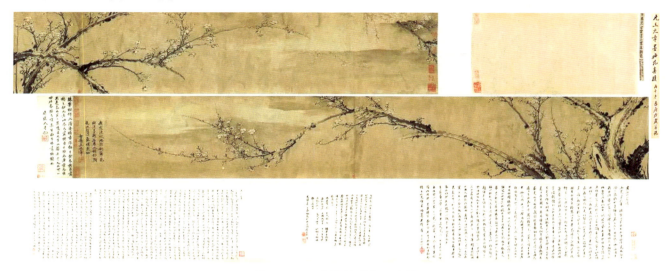

图 4-4-25 《墨梅卷》 王冕

4.写意兰花

兰花,王者之香,空谷幽兰,灵性奇葩,花中之君子也。吐秀空谷之中,甘居众草之旁。汲天地之灵气,吸日月之精华,吮自然之雨露,幽香独具,芳郁绝尘。兰花,其叶蔵蕤,多而不乱,仰俯自如,姿态端秀,别具神韵;其花宁静而高雅,清秀而悠然,幽香随风而自远,气质浑然天成。兰花叶态优雅,质朴文静,被世人看作高洁典雅的代表,古往今来是众多画家钟爱的绘画题材。

【教学范例】兰叶的画法(图4-4-26 —图4-4-29)

写意兰花主要分为两部分,兰叶和兰花。画兰花先画叶,兰花的优雅取决于兰叶的形态,画兰叶每一笔都要很讲究,墨色以浓墨为主,兼具浓淡干湿变化。藏锋起笔有似"钉头、螳螂肚、鼠尾",有似"鲫鱼头",中锋运笔稳健有力,或一波三折,或曲中有直、直中有曲。左撇叶、右撇叶,每一叶都要注意轻重缓急的变化,以呈现兰叶正、侧、反、转的多种形态。

一般而言,五笔叶组成一株兰花,叶子呈现前后高低的层次关系,一幅兰花可以是一株兰花,也可以是两株、三株组成,注意参差、疏密、繁简变化,有高有低,错落有致、互有顾盼,但不一定每一笔都是实笔(连贯),有时可以若断若离,做到"意到笔不到"。

图 4-4-26 兰叶姿态

图 4-4-27 一株兰叶

图 4-4-28　两株兰叶　　　　　　　　图 4-4-29　三株兰叶

【教学范例】兰花的画法(图 4-4-30 — 图 4-4-35)

写意兰花的花朵一般用五笔画出盛开的一朵花,一笔画出一片花瓣。

单朵兰花作画步骤:选用羊毫毛笔,笔肚的水分要充足,笔肚先调淡墨,笔尖稍蘸一点较重的墨,这样画起来有深浅变化,中锋运笔,两头尖,笔尖为前,前实后虚,从中间两瓣开始画。第一笔,点摁下去后轻提,第二笔反方向画出第二片花瓣;再画外面三瓣,第三笔打破前两片花瓣,第四、第五笔也是由外向内用笔,然后接柄,一气呵成,使花形更加饱满完整。随后用浓墨点上花心即可。

兰花的花朵有各种不同姿态,正面、左侧、右侧、左倾、右倾、左上仰、右上仰、左下垂、右下垂;有一茎一花或一茎多花的状态,还有一笔画花苞,两笔画出含苞欲放,三笔、四笔画出半开放,五笔画盛开的兰花。创作时,可用圆润的笔触呈现花瓣的柔美。

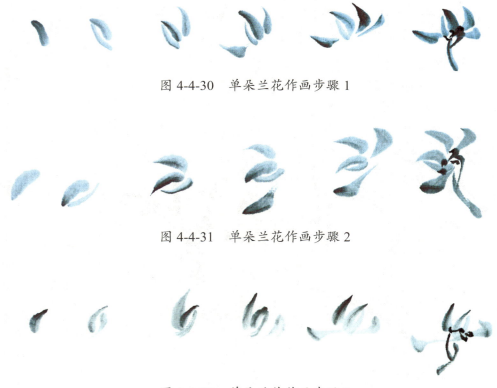

图 4-4-30　单朵兰花作画步骤 1

图 4-4-31　单朵兰花作画步骤 2

图 4-4-32　单朵兰花作画步骤 3

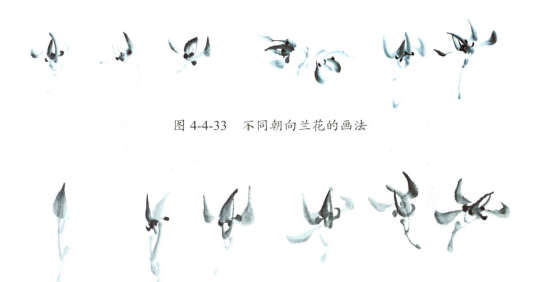

图 4-4-33　不同朝向兰花的画法

图 4-4-34　从花苞到开花的兰花画法

　　浓墨点花心,如画龙点睛之笔,点心应点在花瓣与花瓣结合的地方,花瓣前或花瓣后、花瓣内或花瓣外均可,根据花的姿态而定。花心有三点式、四点式,不管是哪一种,都要注意笔意的连贯以呼应。

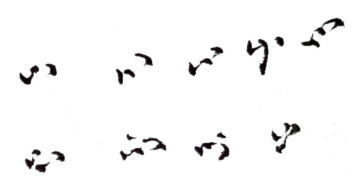

图 4-4-35　兰花花心的画法

【教学范例】写意兰花步骤(图 4-4-36 —图 4-4-43)
步骤 1:毛笔蘸浓墨,第一笔"钉头""螳螂肚""鼠尾",画出第一叶兰叶,注意运笔提、按、渐收,一波三折。
步骤 2:第二笔"交凤眼",第二笔和第一笔相交成"如凤眼"的形状。

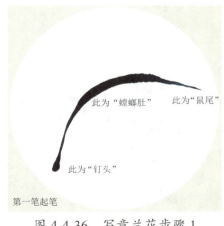

图 4-4-36　写意兰花步骤1　　　　图 4-4-37　写意兰花步骤2

步骤3：第三笔"破凤眼"。

步骤4：第四笔、第五笔画出左折叶和右折叶。注意曲中有直、直中有曲。

第三笔"破凤眼"

图 4-4-38 写意兰花步骤 3

第四、第五笔左右折叶

图 4-4-39 写意兰花步骤 4

步骤5：用淡墨中锋细笔画出茎，注意与兰叶的前后关系，有一茎一花或一茎多花的状态。

步骤6：以羊毫毛笔淡墨点花，笔肚先调淡墨，笔尖稍蘸一点较重的墨，中锋运笔，前实后虚，还要注意有一茎一花或一茎多花的状态及不同姿态的兰花。花苞一般由一至两笔组成，半开的花由二到三笔组成，盛开的花由五笔组成，运笔应由外至内一气呵成，兰花的颜色也有深浅的变化。

出茎

图 4-4-40 写意兰花步骤 5

点花

图 4-4-41 写意兰花步骤 6

步骤7：用浓墨点花心，起到画龙点睛之笔的作用，注意笔锋不能水分过多，以免出现晕染，影响画面的整洁感。

步骤8：根据画面效果适当调整，题款、盖章，一幅兰花小品就完成了。

点花心

图 4-4-42 写意兰花步骤 7

完成

图 4-4-43 写意兰花步骤 8

【作品欣赏】写意兰花(图 4-4-44 —图 4-4-47)

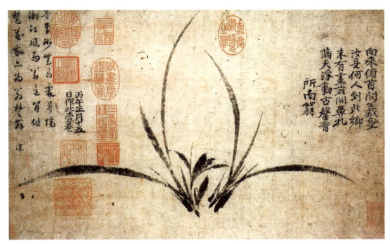

图 4-4-44 《墨兰图》 郑思肖

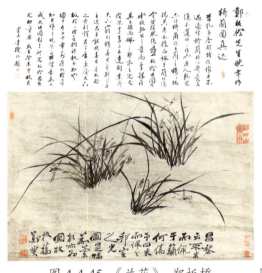

图 4-4-45 《兰花》 郑板桥　　　　图 4-4-46 《兰花图》　　　　图 4-4-47 《兰花》 杨幼梅
　　　　　　　　　　　　　　　　郑板桥

5. 写意竹子

竹子枝干修长挺拔,四季青翠,为"梅兰竹菊"四君子之一,代表着虚心直节的君子之风,备受广大文人墨客的喜爱。

【教学范例】写意竹子(图 4-4-48 —图 4-4-56)

画竹子一般顺序为:先画主干,后画节,再发细枝,最后生叶。

步骤 1:画主干,毛笔蘸淡墨,笔尖蘸少量浓墨,侧锋运笔推出主干,注意不要每一节都紧紧相连,要适当留一些空隙,用来画竹节。

步骤 2:用同样的运笔画出第二支主干,运笔自下而上,劲挺有力,注意顿挫。绘画时应一节一节地从下往上画,根据竹节长短变化规律,越往上的竹节越长,如果画成上短下长就不符合竹子的生长规律了。

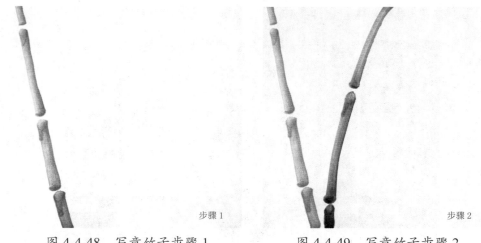

步骤1

图 4-4-48　写意竹子步骤 1　　　　　图 4-4-49　写意竹子步骤 2

步骤 2

步骤 3：第三支主干可以稍细,使得画面有粗细变化;画多根竹子时应避免平行和十字交叉。

步骤 4：毛笔笔尖蘸浓墨画竹节,两端顿笔,呈弧形,可以把连接处的形状看成一对"单引号"。小竹枝生于节与节之间的连接处,画竹枝时注意左右互生关系。发枝处可生一枝也可生多枝,根据画面的需要而定,不要画得太乱,要交代清楚生长规律。

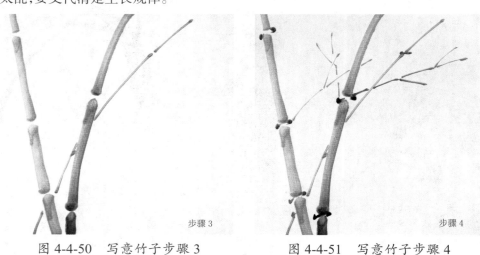

步骤 3

步骤 4

图 4-4-50　写意竹子步骤 3　　　　　图 4-4-51　写意竹子步骤 4

步骤 5：画第一组竹叶,竹叶是竹子的画龙点睛之笔。

步骤 6：画第二组竹叶,注意两组叶子之间的前后关系。

步骤 5

步骤 6

图 4-4-52　写意竹子步骤 5　　　　　图 4-4-53　写意竹子步骤 6

步骤7：接着画几组竹叶，注意疏密的变化，以及用墨的浓淡变化，这样能体现竹叶的层次感。

步骤8：根据画面需要，可添加一些竹笋作为背景点缀，使画面更加丰富。

图 4-4-54　写意竹子步骤7　　　　　　　　　　图 4-4-55　写意竹子步骤8

步骤9：调整画面，签字、盖章，一幅写意竹子作品就算完成了。

图 4-4-56　写意竹子步骤9

古人根据竹叶的外形结构将竹叶画法归纳为"一、人、个、介、分"五字，也就是把这五个字的每一笔都当成一片竹叶，并给予它一定的动态，将书写与绘画融为一体来表现竹叶的结构及动态。画竹叶时，下笔要坚挺，实按虚出，行笔至叶尖时抬腕以笔尖带出，随着枝叶的生长方向绘制。运笔方向应自上而下，以中锋为主，叶端宜聚不宜散，组合注意疏密变化。画竹叶有五忌：一忌生涩、二忌并立、三忌如叉、四忌似井、五忌如手（图 4-4-57、图 4-4-58 ）。

图 4-4-57　竹叶画法1　　　　　　　　　　　　图 4-4-58　竹叶画法2

【名画欣赏】竹子作品欣赏（图 4-4-59 —图 4-4-61 ）

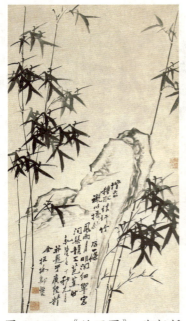
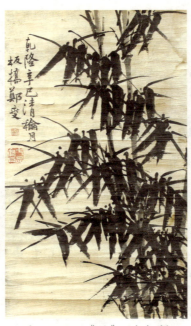
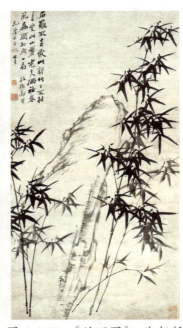

图 4-4-59 《竹石图》 郑板桥　　图 4-4-60 《竹》 郑板桥　　图 4-4-61 《竹石图》 郑板桥

6. 写意菊花

　　菊花是多年生草本植物，是中国十大名花之一，是画家们所喜爱的绘画题材。画菊花之前，首先应细心观察，了解菊花的基础外形和生长形态，掌握其生长规律和特征。菊花茎下部稍带木质，叶卵形互生，秋末开花，傲霜耐寒。一般而言，根据花序大小和形状的不同，菊花可分为大菊、中菊、小菊、单瓣、重瓣、扁形、球形等；根据瓣型不同，又可分为平瓣、管瓣、匙瓣等多个类型。千姿百态的花朵，姹紫嫣红的色彩使菊花具有了独特的观赏价值。

【教学范例】几种菊花的画法（图 4-4-62 —图 4-4-65 ）

菊花画法 1

图 4-4-62　菊花画法 1

菊花画法 2

图 4-4-63　菊花画法 2

菊花画法 3　　　　菊花画法 4

图 4-4-64　菊花画法 3　　　图 4-4-65　菊花画法 4

菊花花苞画法（图4-4-66）：菊花从含苞待放到盛开，是由内至外逐渐舒展的过程，勾花苞时用墨要淡，再用重墨侧锋画出枝叶，最后将墨调淡一些，中锋画枝干。

步骤1　　　　　　　　步骤2　　　　　　　　步骤3

图 4-4-66　花苞的画法

菊花叶子和枝干的画法（图4-4-67—图4-4-70）：菊花叶为"五出四缺"，根据品种不同，缺口也有大小的区别。绘制菊花时，只表现花叶的正侧面即可，越是靠近花头处花叶越小。整朵花外形不可太规整，注意虚实变化。

步骤1

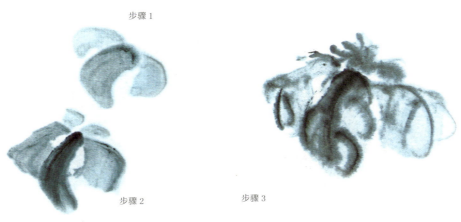

步骤2　　　　　　　步骤3

图 4-4-67　菊花叶子步骤1、2　　　　　图 4-4-68　菊花叶子步骤3

叶脉画法

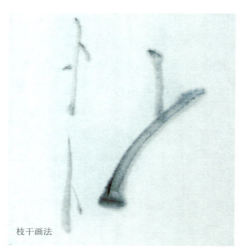

枝干画法

图 4-4-69　菊花叶脉画法　　　　　　　图 4-4-70　菊花枝干画法

【教学范例】单枝菊花(图 4-4-71 — 图 4-4-73)

步骤 1:中锋运笔勾花瓣,从瓣心处勾第一瓣花。

步骤 2:围绕花心向四周呈放射性展开,勾勒第一层花瓣,花瓣要有大小、宽窄的变化。

步骤 3:用淡墨勾勒出第二层的花瓣,表现菊花的层次感。

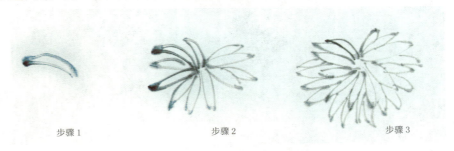

步骤 1　　　　　　　　步骤 2　　　　　　　　步骤 3

图 4-4-71　菊花作画步骤 1、2、3

步骤 4:侧锋运笔,湿笔画出菊花的枝叶,趁其未干,笔尖蘸浓墨勾勒出叶脉。

步骤 5:用淡曙红点染菊花花瓣,注意适当留白,赭黄色染花房,最后用干笔浓墨点出花蕊,一幅单枝菊花作品就完成了。

步骤 4　　　　　　　　　　　　步骤 5

图 4-4-72　菊花作画步骤 4　　　图 4-4-73　菊花作画步骤 5

【教学范例】菊花画法(图 4-4-74)

步骤 1:毛笔蘸浓墨,从花心往外勾勒花瓣。

步骤 2:湿毛笔肚蘸淡墨,笔尖蘸浓墨,这样画出的叶片颜色上有深浅变化,紧接着趁墨色未干,用浓墨勾勒叶脉。

步骤 3:绘制菊花花枝时,可用中侧锋相结合,运笔时适当顿挫,用来表现枝干曲折干枯的质感,趁其未干,点上浓墨表现苔点。

步骤 4:根据画面色调需要,给菊花着色淡淡的曙红点染花瓣,花蕊用淡绿色和藤黄色点染。

步骤 5:查看画面总体效果,根据画面效果进行调整。

步骤 6:署名盖章,完成作品。

图 4-4-74　菊花作品

【作品欣赏】菊花作品范本(图 4-4-75 —图 4-4-78)

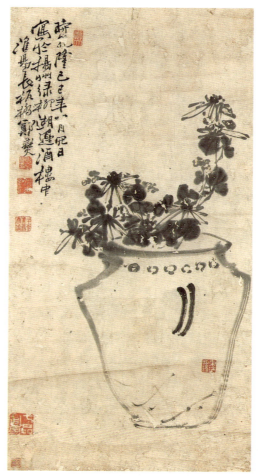

图 4-4-75 《秋叶黄花》 郑板桥　　　　图 4-4-76 《墨菊》 郑板桥

图 4-4-77 《菊花》 杨幼梅　　　　图 4-4-78 《菊花》 杨幼梅

二、思考与练习

1. 学习写意画的笔墨技法,感受写意画的特点。

2. 练习作业:写意花鸟基本墨色和基本技法练习;写意小鸟练习;写意梅花练习;写意兰花练习;写意竹子练习;写意菊花练习。

第五节　儿童水墨画的特点及技法

教学目标：了解儿童水墨画的特点,能区别儿童水墨画与传统水墨画的不同,体验儿童水墨画的笔墨乐趣;了解儿童水墨画创作过程,培养创造力和实践力。

教学重点：掌握儿童水墨画的笔墨技法及特性。

教学难点：通过实践探究,学会运用儿童水墨画的基础技法指导幼儿进行美术创作。

水墨画是具有悠久历史的艺术,具有深厚的文化底蕴和独特的艺术价值。儿童水墨画教学依据幼儿自身的年龄特点,打破传统的中国画教学方式,采用日常生活中有趣的材料,结合水墨画表达形式,以儿童喜闻乐见的事物、活动、游戏为内容,激发幼儿学习水墨画的兴趣。幼儿在游戏中感受水墨画的情趣,在潜移默化中传播、继承与创新传统文化。

一、理论基础

传统水墨画具有相对完备的艺术形式和表现手法,讲究的是气韵生动,而不强调物体外在的形似,体现了中国人独特的造型观和艺术观。在学校的水墨画教学中,大多以传统技法结合临摹、写生、创作等教学为主。幼儿在心理发展的过程中,对于事物的认知还不够全面,教条主义的教学模式并不能吸引幼儿的注意力,也无法培养幼儿的想象力和创造力。因此,应当激发幼儿艺术创作兴趣,引导幼儿以绘画的形式表达情感。儿童教育应改变传统水墨画单一的学习形式,采用适合幼儿的灵活多变的方法,从而提高幼儿学习水墨画的自信心,发挥他们无穷的想象力和创造力。

二、实践应用

儿童水墨画相较传统水墨画,更加注重幼儿内心情感的表达,色彩鲜艳明亮,形式多种多样,绘画工具也不再局限于传统的笔墨纸砚,而是鼓励幼儿从生活取材进行绘画创作,激发了幼儿无限的创造力。

（一）儿童水墨画的艺术特点

儿童水墨画应呈多元化发展,如运用实验水墨、抽象水墨、动画水墨等多种方式,以或点、或洒、或染,或泼、或印、或拓、或淌、或画的形式来呈现(图4-5-1、图4-5-2),以下举例儿童水墨画的艺术特点:

图 4-5-1　学生作品　指导教师:魏雅静　　　图 4-5-2　学生作品　指导教师:王世娥
（福州融侨杰座幼儿园）　　　　　　　　（福州融侨杰座幼儿园）

1. 题材宽泛,大多源于生活。儿童水墨画的题材多围绕幼儿身边的人物、事物展开,因此,生活中的一草一木、一砖一瓦,或瓜果蔬菜、玩具鞋帽都能成为幼儿所要描绘的对象。

2. 造型夸张,生动活泼。与传统国画的程式化造型观相比,儿童水墨画造型可爱稚拙,充满想象。

3. 笔墨的偶然性。没有固定的模式,充满意外之趣。幼儿对笔的浓淡干湿以及墨的层次掌控能力弱,每一笔都充满了未知性,最终呈现的笔墨效果常有惊喜出现。

4. 画面情节充满趣味性。幼儿喜欢把大脑中的所思所想通过画笔呈现在纸面上,在幼儿的绘画世界里,一切都是有生命的,比起传统中国画的意趣,儿童水墨画的"意"更具奇特性。

5. 材料工具的多样性。除了传统材料中的毛笔、墨汁、宣纸、砚台、中国画颜料之外,海绵拓印工具、棉签、纸团、吸管、喷壶、滴管、纸板、纸巾、记号笔、水彩笔、水果、蔬菜、花朵、树叶应有尽有,手指、手掌、手背也可以用上。

6. 表现手法的多样性。儿童水墨画可点、可洒、可染、可泼、可印、可拓、可淌、可画,加之水墨材料与工具的多样性,使得儿童水墨画除了兼具传统的技法外,还有很多出乎意料的创新技法。

(二)简单常见的儿童水墨画技法

1. 指墨法。指墨法即以手指为"笔"作画的一种特殊表现手法。早在唐代就有"以手摸素绢"作画的记载,但真正形成指墨法,是清代高其佩和现代大师潘天寿。高其佩和潘天寿都善用手指作画,画家用指腹、手掌蘸墨色进行创作,可以表现出毛笔表达不出的特殊效果。实际上,指画是运用手指,甚至手掌进行作画。为了使幼儿对水墨画感兴趣,在活动初期,可引导幼儿用手指作画,五个手指可以分别运用,也可以连续运用,二、三指合起来使用,甚至手指各关节与手掌有时也可配合使用,不仅正面,手的侧面也可以用上,图4-5-3中虾的身子便是小指侧面印压的效果,手指不同弯曲度呈现不同形态的虾的形状。为了蘸水方便,也可用小碟盛墨水,凑在手边,边蘸边运指。图4-5-4和图4-5-5很明显是使用手掌压、手指点而成的画。

图4-5-3 学生作品 指导教师:邱晓露、翁敏
（龙岩市实验幼儿园）

图4-5-4 学生作品 指导教师:林澔
（福州融侨杰座幼儿园）

图4-5-5 学生作品 指导教师:魏晨欣(福州融侨杰座幼儿园)

2.破墨法。破墨法即创作者趁画面中的浓墨、淡墨或色彩未干时,以色彩、淡墨或浓墨破入其中的方法。破墨法可以增加色彩、墨色的层次,使画面变化丰富,产生灵动感(图4-5-6、图4-5-7)。

图4-5-6　学生作品　指导教师:林梅生　　　图4-5-7　学生作品　指导教师:林梅生
（福州融侨杰座幼儿园）　　　　　　　　　（福州融侨杰座幼儿园）

3.滴点法。滴点法即创作者用毛笔或滴管吸取调制好的颜料或墨水,滴在已经准备好的宣纸上的方法。创作时,应事先构思,根据构图需要,用不同颜色、大小不一的点滴组成画面,再根据需要加用墨色或其他媒材进行创作(图4-5-8、图4-5-9)。

图4-5-8　学生作品　指导教师:林梅生　　　图4-5-9　学生作品　指导教师:肖雯婷
（福州融侨杰座幼儿园）　　　　　　　　　（福州融侨杰座幼儿园）

4.点彩法。点彩法即创作者用毛笔蘸上颜料并一点一点地点在宣纸上,使不同颜色、不同大小的点排列在一起。点的随机排列形成独特的形式美感,可以点画水果或花等(图4-5-10、图4-5-11)。

图4-5-10　学生作品　指导教师:陈虹灵　　　图4-5-11　学生作品　指导教师:张铃
（福州融侨杰座幼儿园）　　　　　　　　　（福州融侨杰座幼儿园）

5.沾点法。沾点法即创作者用棉签、纸团蘸上颜料或墨汁,在宣纸上进行点压、按压的方法。伴随着按压的力度和方向的不同,产生丰富的画面效果(图4-5-12、图4-5-13)。

图 4-5-12　学生作品　指导教师：林梅生　　　　图 4-5-13　学生作品　指导教师：魏晨欣
（福州融侨杰座幼儿园）　　　　　　　　　　（福州融侨杰座幼儿园）

6. 拓印法。拓印法即创作者用各种不同形状的海绵、树叶、花瓣等拓印工具,蘸上颜料或墨汁印画的方法(图 4-5-14、图 4-5-15)。此画法以色彩变化、力度不一、颜料或墨色不同会产生色彩丰富、形状各异且有意料之外效果的水墨画。

图 4-5-14　学生作品　指导教师：林梅生　　　　图 4-5-15　学生作品　指导教师：陈虹灵
（福州融侨杰座幼儿园）　　　　　　　　　　（福州融侨杰座幼儿园）

7. 刮画法。刮画法即创作者用纸板、树叶、树枝等形状适合的物体蘸上颜料或墨汁进行刮画的方法(图 4-5-16)。刮画法画出的画面挺拔有力。

图 4-5-16　学生作品　指导教师：肖雯婷
（福州融侨杰座幼儿园）

8. 填涂法。填涂时,创作者应根据需要填涂色彩,可用在写生或自由创作中(图 4-5-17)。

图 4-5-17　学生作品　指导教师：魏雅静
（福州融侨杰座幼儿园）

9. 浸染粘贴法。在宣纸上涂上固体胶，撕下适合形状的纸巾，浸染颜色后粘贴到所需位置，画面会因浸染墨色深浅不一、纸巾形状不同而呈现奇特的效果（图 4-5-18 — 图 4-5-20 ）。

图 4-5-18　学生作品　指导教师：张铃
（福州融侨杰座幼儿园）

图 4-5-19　学生作品　指导教师：张铃
（福州融侨杰座幼儿园）

图 4-5-20　学生作品　指导教师：张铃
（福州融侨杰座幼儿园）

10. 喷洒法。创作者用毛笔或其他吸水性工具蘸颜料在宣纸随意喷洒，可以用多种颜色多层喷洒的方法。也可以结合其他技法，使画面色彩丰富（图 4-5-21 ）。

图 4-5-21　学生作品　指导教师：魏雅静（福州融侨杰座幼儿园）

11.泼墨法。创作者用较多的水与墨进行泼洒创作的方法。泼墨法可以使画面效果浓淡不一、大小不一,有酣畅淋漓之感(图 4-5-22)。

图 4-5-22 学生作品 指导教师:林澔(福州融侨杰座幼儿园)

三、思考与练习

1.熟悉儿童水墨画的笔墨技法及特性,思考创新技法的运用方式。

2.练习作业:儿童水墨画技法练习;儿童水墨画创作练习。

第六节 中国画在学前教育中的应用

教学目标:了解中国画在学前教育中的应用,进行水墨游戏,培养创造力和实践力。

教学重点:掌握儿童水墨游戏的方法、技法及教学设计的特点。

教学难点:运用儿童水墨游戏的基础技法指导幼儿进行水墨游戏。

中国画有着悠久的历史,传统水墨画主要以墨色的浓淡干湿变化来描绘对象的色彩关系,利用画面留白来营造虚实相间的画面效果。儿童学习水墨画有助于传承中华民族优秀文化,了解民族文化内涵,增强民族认同感,培养其热爱美术的情感,形成审美情趣和审美观念,用美术的方式表达自己的思想和情感,美化生活。

一、理论基础

《关于实施中华优秀传统文化传承发展工程的意见》提出,要把中华优秀传统文化全方位"贯穿国民教育始终",要遵循学生认知规律和教育教学规律,把中华优秀传统文化全方位融入教育的各个环节以及各个领域。随着学前教育的新发展,学前教育越来越注重针对幼儿各时期的艺术素养的培育。中国画教学是传承中华优秀传统文化的重要途径,在学前教育中,中国画教学依据幼儿的年龄特点,通过儿童水墨画有趣的教学过程来激发儿童对绘画的兴趣,培养幼儿的艺术素养,让幼儿在水墨游戏中近距离感知中国优秀的传统文化,启发儿童创新思维能力和陶冶自身情操。

儿童水墨画的作画时间短,墨色在宣纸上能产生无限可能性,能满足幼儿的创造性和趣味性。幼儿在艺术创作时精力集中的"黄金时间"较短,因此水墨画能让幼儿在短时间内精力集中地表达自己的内心世界,符合幼儿发展的身心特征。

二、教学实例

以下就不同年龄段的几个水墨活动为例,从活动名称、活动目标、活动准备、指导要点、活动步骤等方面进行图文并茂的展示,体现在学前教育中应用中国画的点滴。

（一）可爱的小鸡

1.活动目标

（1）尝试用大小不同的海绵拓印出小鸡的外形。

（2）用棉签添画小鸡的脚,并添画出细节。

（3）能专注地进行中国画创作活动,大胆地表达自己的想法。

2.活动准备（图4-6-1、图4-6-2）

（1）材料准备:小鸡图片、齐白石作品《加官》,红色、黄色、深绿、浅绿中国画颜料,墨汁,不同型号的海绵拓印工具,棉签,宣纸(软卡)。

（2）经验:有海绵拓印和棉签作画的经验。

图 4-6-1 《加官》 齐白石

图 4-6-2 创作材料

3.指导要点

（1）欣赏小鸡图片,了解小鸡的外形特征。

（2）欣赏中国画作品《加官》。提问:你看到的小鸡在干什么?这些小鸡好像在说什么?除了小鸡还画了什么?你能看出这幅画是用什么画的吗?怎么画的?你觉得小鸡可能会做哪些事儿?如何画出小鸡?

（3）幼儿进行中国画创作,教师巡回指导。教师关注幼儿能否用大小不同的海绵拓印小鸡,关注幼儿能否用棉签添画细节。

4.活动步骤（图4-6-3—图4-6-10）

图 4-6-3 步骤 1

图 4-6-4 步骤 2

图 4-6-5　步骤 3

图 4-6-6　步骤 4

图 4-6-7　步骤 5

图 4-6-8　步骤 6

图 4-6-9　学生作品

图 4-6-10　学生作品

（二）春如线

1. 活动目标

（1）欣赏、感受画家吴冠中笔下的春天，初步了解《春如线》中点、线的运用。

（2）尝试用棉签及点画的方式表现生机勃勃的春天。

2. 活动准备（图 4-6-11、图 4-6-12）

（1）课件（含有迎春花枝、垂柳、油菜花等内容的图片）。

（2）宣纸（软卡），墨汁，棉签，红、黄、蓝、绿颜料。

图 4-6-11　《春如线》　吴冠中

图 4-6-12　创作材料

3. 指导要点

（1）观看"春天"录像，感受春天里的点和线。

（2）欣赏吴冠中的画作《春如线》，寻找画作中的点和线。提问：长长的线像什么？画中彩色的墨点像什么？小结：画面上的线像春风，像细细的水流，像蒙蒙的春雨，线条在柔和中带着跳动。各种颜色的点像妩媚的小草和花儿。虽然吴冠中爷爷的笔下没有花和草，只有点和线，但让人感到这就是一幅春天的美丽画卷！

（3）幼儿随音乐创作，教师指导幼儿用棉签蘸墨在画纸上随意勾勒长长短短的线条，用手指点画春天的花朵、新发的嫩芽。

4. 活动步骤（图4-6-13 —图4-6-18）

图4-6-13　步骤1

图4-6-14　步骤2

图4-6-15　步骤3

图4-6-16　步骤4

图4-6-17　步骤5

图4-6-18　步骤6

（三）花草地

1. 活动目标

（1）欣赏作品《花草地》，感受春天草地的美感。

（2）大胆用色，运用拓印、滴画的方式表现密集的花草地。

2. 活动准备（图 4-6-19）

（1）课件（含《花草地》等图片的内容）。

（2）红、黄、蓝、绿颜料及墨汁，纸团若干，吸管，排笔，宣纸（软卡）。

图 4-6-19 创作材料

3. 指导要点（图 4-6-20 — 图 4-6-25）

（1）欣赏吴冠中的作品《花草地》，感受色彩美。学习情境：肥沃的土地上开满了鲜花，五颜六色的鲜花你挨着我，我挨着你，变成了一幅美丽的风景画。

（2）幼儿示范创作方法。要点：引导幼儿用吸管吸取黑色墨汁滴洒在宣纸上；用纸团蘸取颜料，拓印五颜六色的花朵；用排笔蘸取绿色颜料，泼洒花朵的叶子。

（3）幼儿创作，教师指导。要点：引导幼儿大胆选择自己喜欢的色彩拓印花朵；用过的纸团放在颜料盘里，不混色。

图 4-6-20 步骤 1

图 4-6-21 步骤 2

图 4-6-22 步骤 3

图 4-6-23 步骤 4

图 4-6-24　学生作品 1　　　　图 4-6-25　学生作品 2

（四）小蝌蚪

1. 活动目标

（1）尝试用滴管滴洒出荷塘的景色。

（2）用手指点画小蝌蚪，并用棉签添画尾巴。

（3）能专注地进行中国画创作活动，大胆地表达自己的想法。

2. 活动准备（图 4-6-26）

（1）材料准备：荷塘景色图片，小蝌蚪图片，紫红、黄色、绿色颜料，墨汁，滴管，棉签，宣纸（软卡）。

（2）经验：会使用滴管，有棉签作画的经验。

图 4-6-26　创作材料

3. 指导要点（图 4-6-27 — 图 4-6-32）

（1）出示荷塘景色图片，欣赏荷塘的色彩美。

（2）教师介绍材料及创作方法，鼓励幼儿大胆尝试用滴管进行作画。要点：用滴管吸取颜料，滴洒在宣纸上，晕染出荷塘的景色；用手指蘸取墨汁点画出蝌蚪，再用棉签蘸取墨汁添画尾巴。

（3）幼儿创作，教师巡回指导。要点：关注幼儿能否使用滴管滴洒出荷塘的景色，能否使用棉签画出不同形态的蝌蚪。

（4）欣赏评价。教师邀请幼儿介绍自己的作品，说一说小蝌蚪在做什么。

图 4-6-27　步骤 1　　　　图 4-6-28　步骤 2

图 4-6-29　步骤 3

图 4-6-30　步骤 4

图 4-6-31　学生作品 1

图 4-6-32　学生作品 2

（五）我种下的花田

1. 活动目标

（1）能用正确的姿势握毛笔作画。

（2）初步尝试用毛笔中锋画线条，随意点按，表现弯弯小路和花田等。

（3）能大胆根据画面想象表达，体验在游戏情境中作画的乐趣。

2. 活动准备（图 4-6-33、图 4-6-34）

（1）材料准备：毛笔，墨汁，宣纸（软卡），各色国画颜料，笔架，笔洗，等等。

（2）经验：欣赏花田的图片，知道花田的构成。

图 4-6-33　花田

图 4-6-34　创作材料

3. 指导要点（图 4-6-35 —图 4-6-40）

（1）播放课件，师生一起欣赏各种花田的图片，感受花田的形状与色彩美。学习情境：种花的时候，花和花中间留出了小路，供大家游览，这些道路有的是弯弯的，有的是直直的，还有的是交错的……漂亮的花儿争奇斗艳,近看才能分辨到底是什么花,远看就像星星一样。看看这成片的花田,有好多颜色,形状有长方形、正方形……好像给大地穿上了彩色的衣服一样!

(2)教师示范握笔及中锋绘画的方法。

(3)幼儿创作,教师指导。学习情境:毛笔妈妈逛花田,出门之前洗洗澡(洗笔),颜料盒里穿鞋子(蘸颜料);调色盘里穿衣裳("舔笔"调色),出门喽(中锋握笔)……逛呀逛,东看看,西看看(随意运笔),花田真美啊,红的花、黄的花、紫的花,走累了,回家洗澡睡得香!(洗笔,放回笔架)

要点:注意晕染时不要滴太多颜料,注意画面留白;学会用毛笔勾线,用中国画颜料填色。

图 4-6-35　步骤 1

图 4-6-36　步骤 2

图 4-6-37　步骤 3

图 4-6-38　步骤 4

图 4-6-39　学生作品 1

图 4-6-40　学生作品 2

(六)美丽的小花

1.活动目标

(1)选用合适的色彩,探索用点画法表现花蕊、花瓣和叶子。

(2)巩固调色与"舔笔"的方法。

2. 活动准备（图 4-6-41）

（1）课件：各种花卉的图片。

（2）材料准备：毛笔、墨汁、宣纸（软卡）等中国画工具材料。

图 4-6-41　创作材料

3. 指导要点（图 4-6-42 — 图 4-6-47）

（1）播放课件，师生一起欣赏各种花卉的图片，了解花朵的色彩与造型。

（2）师生共同讨论创作方法：尖花瓣的花怎么画？圆花瓣的花怎么画？

（3）幼儿创作，教师指导。要点：画好花蕊以后，笔肚朝里，围着花蕊按，就可以画出尖花瓣的花；画好花瓣以后，笔尖朝里，围着花蕊按，就可以画出圆花瓣的花；毛笔宝宝可以画花蕊和小的花，毛笔妈妈可以画大一些的花，毛笔爸爸可以画更大的花或叶子；用过一种颜色后，要将毛笔洗干净才能换另一种颜色继续画花。"舔笔"时，要注意把颜料"舔"开。

（4）集体欣赏，交流作品。指导要点：幼儿互相欣赏同伴的作品，说说自己画的是什么样的花；学习洗自己的笔和换好干净的水；引导幼儿从花的色彩和不同的外形来评价作品。

图 4-6-42　步骤 1

图 4-6-43　步骤 2

图 4-6-44　步骤 3

图 4-6-45　步骤 4

图 4-6-46　学生作品 1　　　　　　图 4-6-47　学生作品 2

（七）荷塘

1. 活动目标

（1）欣赏荷塘中荷叶层层叠叠、荷花点点的意境美。

（2）尝试用水彩晕染的方式表现荷塘的景色。

2. 活动准备（图 4-6-48）

（1）教学准备：荷塘课件。

（2）材料准备：深绿、浅绿、黄色、红色水彩笔，毛笔，炫彩棒，宣纸或空白宫扇。

图 4-6-48　创作材料

3. 指导要点（图 4-6-49—图 4-6-54）

（1）教师播放荷塘课件，引导学生欣赏荷叶层层叠叠、荷花点点的意境美。

（2）教师示范晕染的方法。指导要点：用彩笔画出大小不一的荷叶；用毛笔蘸清水在荷叶的中间进行晕染，指导幼儿欣赏水墨交融晕染的色彩变化。

（3）幼儿创作、教师指导。指导要点：荷叶的大小、色彩可以有所区别；大胆添画荷塘中的其他事物，注意画面留白。

图 4-6-49　步骤 1　　　　　　图 4-6-50　步骤 2

图 4-6-51 步骤 3　　　　　　　　图 4-6-52 步骤 4

图 4-6-53 学生作品 1　　　　　　图 4-6-54 学生作品 2

（八）竹

1. 活动目标

（1）欣赏竹子的外形特征，尝试用纸板辅助创作竹干。

（2）尝试用点、顿、提的方法创作竹叶。

2. 活动准备（图 4-6-55）

（1）经验：生活中有欣赏竹子的经验。

（2）材料准备：课件，纸板、棉签；毛笔、笔架、宣纸（软卡），笔洗、墨汁。

图 4-6-55 创作材料

3. 指导要点（图 4-6-56 —图 4-6-61）

（1）欣赏竹子的图片及画作，进一步了解竹子的外形特征。要点：竹子一节一节的，每两段之间有竹节，细枝生长在竹节上，叶子大多生长在细枝上。

（2）教师示范纸板的用法。要点：用纸板的短边蘸取墨汁在纸上画出竹节。

（3）幼儿创作、教师指导。要点：如果画两棵竹，注意竹子的生长方向；用纸板画完主干后，用棉签或毛笔添画细枝，最后用点、顿、提的方法画竹叶，竹叶一般环绕着细枝的节生长；注意画面的留白。

图 4-6-56　步骤 1

图 4-6-57　步骤 2

图 4-6-58　步骤 3

图 4-6-59　步骤 4

图 4-6-60　学生作品 1

图 4-6-61　学生作品 2

（九）水墨果蔬

1.活动目标

（1）运用彩墨表现喜欢的瓜果蔬菜，注意色彩美，初步学习画面的布局。

（2）尝试根据瓜果的特点，运用中锋、侧锋表现瓜果的特征。

（3）规范用笔，体验中国画创作活动的乐趣。

2.活动准备（图 4-6-62）

（1）经验：有学习水墨画的经验。

（2）材料准备：课件、水墨果蔬欣赏图片、毛笔、宣纸、笔洗、毛毡、中国画颜料、墨汁等。

图 4-6-62　创作材料

3. 指导要点(图 4-6-63 —图 4-6-68)

（1）欣赏荔枝，了解荔枝的外形特征。要点：荔枝是椭圆形的，大小、颜色深浅不一，有的装在盘子里，有的装在篮子里，有的挂在树上。

（2）教师示范枇杷画法，幼儿探索、尝试。要点："踮起脚尖来跳舞，左一笔，右一笔，两个半网握握手，一个小网真可爱。"

（3）幼儿创作，教师指导。要点：用毛笔蘸藤黄，侧锋画出左半圆，再用同样的方法画出右半圆；蘸焦墨点果蒂，添画果柄；注意画枝条时用笔要有停顿；提醒幼儿绘画时注意构图的疏密变化；鼓励幼儿添画盘子、篮子等。

图 4-6-63　步骤 1

图 4-6-64　步骤 2

图 4-6-65　步骤 3

图 4-6-66　步骤 4

图 4-6-67　步骤 5　　　　　　　　图 4-6-68　步骤 6

（十）写意山水

1. 活动目标

（1）运用纸巾撕贴的手法表现山水画的意境。

（2）感受水墨画深淡变化的美与独特魅力。

2. 活动准备（图 4-6-69）

（1）经验：欣赏各种山水图片。

（2）材料准备：纸巾、中国画颜料、记号笔、墨汁、圆形卡纸。

图 4-6-69　创作材料

3. 指导要点（图 4-6-70 — 图 4-6-77）

（1）欣赏写意山水画作，感受山峰层峦叠嶂、云雾缭绕的意境美。

（2）教师示范创作方法：撕纸—晕染—拼摆造型。

（3）幼儿创作，教师指导。要点：将纸巾撕出各种错落有致的山峰（长条形、三角形等）、白云、太阳的造型；将撕好造型的纸巾进行染色——山峰（淡墨、浓墨）、白云（淡蓝色）、太阳（红色）；在圆形卡纸上涂满胶水，利用染好的造型进行构图，拼画出一幅有意境的山水画。

图 4-6-70　步骤 1　　　　　　　　图 4-6-71　步骤 2

图 4-6-72　步骤 3

图 4-6-73　步骤 4

图 4-6-74　步骤 5

图 4-6-75　步骤 6

图 4-6-76　学生作品 1

图 4-6-77　学生作品 2

（十一）水墨写生——炮仗花

1. 活动目标

（1）运用中国画技巧表现枝干、炮仗花的造型。

（2）培养细致观察的能力。

2. 活动准备（图 4-6-78）

（1）经验：有一定的水墨画经验；观察炮仗花。

（2）材料准备：宣纸、中国画颜料、墨水、毛笔。

3. 指导要点（图 4-6-79 —图 4-6-84）

（1）欣赏炮仗花，说说它的形态、特点。

图 4-6-78　创作材料

　　（2）幼儿创作，教师指导。要点：用毛笔侧锋与中锋表现炮仗花粗细不同的黑色藤条造型；在不同的藤条上用左右点画顿笔的技巧表现炮仗花的花朵；注意花朵与叶片的疏密搭配。

图 4-6-79　步骤 1

图 4-6-80　步骤 2

图 4-6-81　步骤 3

图 4-6-82　步骤 4

图 4-6-83　学生作品 1

图 4-6-84　学生作品 2

三、思考与练习

1. 尝试设计儿童水墨画教学。

2. 练习作业：儿童水墨画教学练习；儿童水墨画教学指导要点的编写练习；儿童水墨画教学内容的编写练习。

第五章 美术作品鉴赏

第一节 中国画作品鉴赏

教学目标：了解中国画的表现形式，在鉴赏中国画内容和艺术特点的基础上，总结鉴赏中国画的基本方法。

教学重点：通过学习，汲取中国画艺术的精髓，感受、理解和评价经典中国画作品。

教学难点：在中国画作品鉴赏的学习过程中，加深对传统文化内涵的认知，提升对艺术作品的审美能力和文化艺术素养。

一、中国画的表现形式

中国画是我国特有的一种传统绘画形式，是华夏民族数千年文化的重要组成部分，博大精深，呈现出独特的艺术风貌。中国画用毛笔、墨汁在宣纸或绢上所绘制的艺术作品，分工笔、写意等不同表现形式。

工笔画用熟宣或熟绢，经勾线、敷色、层层渲染，形成线条工整、细腻、严谨，色彩艳丽、高雅的艺术效果。工笔画崇尚写实，力求形似，注重细节的描绘。

《写生珍禽图》（图 5-1-1 ）为黄荃所绘。黄荃善于绘制宫廷中的奇禽名花，他的作品设色艳丽，用笔严谨，以极细的线条勾勒轮廓，再以淡墨淡色层层烘染，达到线色相融、情态逼真的境界，自成一家之体，被称为"黄家富贵"。《写生珍禽图》中描绘了多只排列均匀的昆虫、鸟雀、龟类。这些生灵造型准确，设色精当，特征突出，动态传神，展示出黄荃精湛的写实技巧和细腻明丽的风格。

图 5-1-1 《写生珍禽图》 黄荃

写意画则在生宣纸上用简练的笔法描绘对象，主张神似，不求形似求生韵。写意画强调书法用笔、意象造形，融诗、书、画、印于一体，是注重表达情感的一种艺术形式。

《岁朝清供图》（图 5-1-2 ）是以清雅之物入画，迎接新岁，寄托吉祥寓意，祈祷来年平安顺遂的画作。画面由红梅、水仙、蒲草、果蔬以及秀石文玩等组成，并附题跋、印章，与花卉顾盼呼应、交相辉映，颇为风雅。

"清供"是指花卉果蔬等可供赏玩的器物,具有别致的文化寓意,代表了一种特殊的文人情怀。吴昌硕的作品下笔遒劲古拙,色彩艳丽滋润,对比强烈,生意盎然。《岁朝清供图》所表现的内容既贴近民间生活,又不失文人雅兴,是一幅雅俗共赏的节庆佳作。

图 5-1-2 《岁朝清供图》 吴昌硕

二、中国画的绘画内容鉴赏

中国画历史悠久,凝聚着中华民族的文化、思想、审美情趣和社会意识。中国画内容题材广泛,从晚周至汉魏、六朝渐趋成熟的人物画,到隋唐山水、花卉、鸟兽形成独立画科,再到五代、两宋继承发展,花鸟画空前繁盛,直至元明清,山水、花鸟成为主要题材。近现代,山水、花鸟、人物画在吸收、融合东西方各艺术门类精华的基础上突破创新,可谓百花齐放。

(一)山水画

山水画简称"山水",是一种常见的中国画表现题材,是画家借描绘山川自然风景传达审美情趣、思想情感的一种艺术类别。

山水画最能体现中国人崇尚自然、追求自由、超然物外的哲学思想精神。山水画形成于魏晋南北朝,但尚未从人物画中分离,只是以人物画中的景致予以描绘。山水画于隋唐独立,五代两宋成熟,成为中国画中重要的画科。鉴赏山水画,应品味其内在本质,以及山水画笔墨、造型、构图、情趣美所营造的意境、气韵,把握创作山水画目的,正如石涛所言:"借笔墨以写天地万物而陶泳乎我也。"

展子虔以青绿勾填法描绘出山川、人物,其中,山川树木以线条勾勒,辅以色彩渲染,人物只是山林之间的点缀,画家直接以粉点染,绘制《游春图》(图 5-1-3)。《游春图》构图颇有意趣,以水面为中心,画面左下角表现近景一隅,右侧描绘由近及远的绵延山丘,展现了"远近山川,咫尺千里"的效果。

图 5-1-3　《游春图》 展子虔

　　荆浩多描绘北方崇山峻岭，笔墨并重，气势宏伟壮观。《匡庐图》（图5-1-4）表现了巍峨山峰及山脚下的幽居景象。作品前景为坡岸，层层叠叠的坡石和山峰布局在画面左侧，由左向右、由下至上、由近及远，将观者视线导向远处主峰，这种全景式构图，高远、平远、深远兼具。荆浩《笔法记》一书提出"六要"，被认为是中国早期山水重要的理论著作。

图 5-1-4　《匡庐图》 荆浩

（二）花鸟画

　　花鸟画是以花、鸟、鱼、虫、兽等自然植物、动物为题材的一种艺术类别。

　　花鸟画在唐代独立成科，五代确立了"黄筌富贵、徐熙野逸"两种不同的风格类型，宋代达到顶峰，为元明清"寄兴抒情"、追求主观情趣的文人画奠定了基础。花鸟画常以"寄寓比兴"的形式体现人们追求吉祥、富贵、美好的精神内涵。画家在创作"鸟语花香"的艺术境界中陶冶情操，达到情景交融的"神游"的艺术境界。

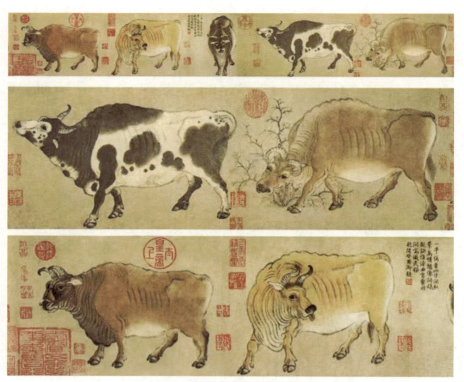

图 5-1-5 《五牛图》 韩滉

　　《五牛图》（图 5-1-5）主要表现了五头形象鲜活、姿态各异的牛，或行，或立，或俯首，或昂头。作品以中间的正面像为中心呈现出对称式构图，画面线条流畅，疏密有致，画家将牛的眼睛适当夸大，使五牛瞳眸炯炯有神，通过细节的描绘，将每头牛独具的个性表现得淋漓尽致。牛有勤劳、温顺的品质，在鼓励农耕的时代，以牛入画具有一定的含义。

　　（三）人物画

　　人物画以人物形象为主体，与山水、花鸟相比出现较早，是中国画的一大画科。

　　战国时期，帛画上就已有独幅的人物画，在佛教玄学的影响下魏晋时期宗教画盛兴，隋唐无论是宗教画还是宫廷仕女画发展均达到顶峰。五代、两宋时期，人物画深入发展，出现减笔写意画，开始朝另一方向发展。人物画主张对人物特征、性格的表现，并在环境、动态、神情等因素中加以渲染。人物画注重以形写神、形神兼备，力求以绘画艺术表现人物精神面貌，所谓"四体妍蚩，本无关于妙处，传神写照，正在阿堵中"。

图 5-1-6 《步辇图》 阎立本

《步辇图》(图 5-1-6)描绘了唐朝文成公主与吐蕃赞普松赞干布联姻事件。画面中将人物分为左右两组,右侧以唐太宗为中心,被九位或抬辇或打扇或持旗仕女簇拥着。作品流露出了唐太宗在深沉外表下励精图治的非凡气度。作品左侧的禄东赞相貌具有强烈的高原民族特征,容颜神情刻画出了禄东赞睿智谦恭的性格特征。

三、中国画的艺术特点鉴赏

中国画有着自己独特的绘画语言,不拘泥于物体外形的造型,灵活随"意"的构图、章法布局,力透纸背的线条,追求神韵的笔墨。中国画彰显着画家们遵循"外师造化,中得心源""在自然与自我之间求得和谐平衡"的理想境界。

（一）造型特点

鉴赏中国画首先要理解中国画的造型特点。中国画家不仅仅是再现形象,而是讲究造型"妙在似与不似之间"。中国画的形象塑造以能传达出物象的神态情韵和画家的主观情感为要旨,强调借景抒情、托物言志,体现"天人合一"的哲学观念。画家在描绘对象时采用取舍、夸张变形的手法,注重再现与表现的合一。唐代张彦远提到,"以气韵求其画,则形似在其间矣"。

八大山人,名朱耷,主要成就为花鸟画,其作品具有鲜明的风格和强烈的个性。《荷石水禽图》(图 5-1-7)中拟人化的水禽概括简练,画家以简约含蓄的笔墨、空灵流动的构图进行艺术创作,在内容与形式上达到了高度统一。

图 5-1-7 《荷石水禽图》 八大山人

(二)构图特点

谢赫的《古画品录》称构图为"经营位置"。中国画强调以散点透视组成画面,打破了时空的限制。画家不刻意追求画面的纵深,依据主题思想的要求、中国审美规律、构图法则(疏密、虚实、布白)等随"意"安排,进行"组合"。

马远出身绘画世家,绘画技法全面,尤其在山水方面突出。《踏歌图》(图 5-1-8)描绘了峭拔山峰下田埂间的老农踏歌欢庆丰收的景象,画面留出大量空白突出景物,高山与近景用云气隔开,拉大空间。马远在构图上大胆取舍剪裁,主要山峰都矗立在画面的一侧,形成"一角""半边",这种"边角之景"予人以玩味不尽的意趣。

(三)线条特征

线,是最简洁、最具表现力的绘画语言。"以线立骨"是中国画基本的特征。伍蠡甫认为,"线条乃画家凭以抽取、概括自然形象,融入情思意境,从而创造艺术美的基本手段"。

中国画用粗细、长短、疏密、浓淡的线勾勒描绘对象的轮廓、质感、动感,显示画面的空间层次,表现节奏韵律,体现画家主观把握和提炼不同生命力的线,也透露出画家的艺术气质和风格。

中国画创作中,线的运用在不同历史时期有着不同的风格,先秦阶段已确立了线造型,晋朝线的应用发展成熟,有顾恺之密体、张僧繇疏体之分;唐朝时用线已集造型、质感、书法于一体。宋代评论家所提出的"吴带当风,曹衣出水"描述了线条的演变。

图 5-1-8 《踏歌图》 马远

图 5-1-9 《女史箴图》 顾恺之

《女史箴图》（图 5-1-9）是依据西晋张华文学作品《女史箴》而画，共九段。作品表达了宫中妇女如何为人的一些封建道德规范。画家通过对当时贵族妇女的生活描写，表现出一系列动人的形象，展露出她们的神采。顾恺之注重用线造型来创造绘画形象，以连绵不断、悠缓自然的形式体现出线条的节奏感，用线的力度不大，正如"春蚕吐丝""春云浮空、流水行地"。

（四）笔墨趣味

笔墨是中国画语言的核心和灵魂。中国画家以特有的笔墨技巧表现对象、传情达意。在画面上留下点、线、面痕迹，集中体现"书画同源"的意趣。中国画艺术中，"笔"通常指勾、勒、皴、擦、点等笔法，"墨"指烘、染、破、泼、积等墨法。

潘天寿提到，"笔墨取于物，发于心；为物之象，心之迹"。笔墨作为中国画的语言方式承载了中国人独特的审美精神和思维方式。

图 5-1-10 《群虾图》 齐白石

齐白石，近现代中国绘画大师。齐白石擅长捕捉大自然中平凡的生物形态，用简练的笔墨表现出虾的"形、质、动"，无不灵动传神，"不似而似"。《群虾图》（图 5-1-10）中，画家施以水分酣饱的墨笔，趁淡墨未干之际，在虾头处加一笔重墨，再加之以细笔抒写须、爪、大螯，灵动地表现出游动虾的神态，显示出画家对笔墨的完美操控。

四、鉴赏中国画的基本方法

中国画是我国传统文化的艺术瑰宝。怎样在赏析作品画面诸要素中,结合自己的思想情感、生活经验、艺术观点产生共鸣,从感性实现更深层次的理解升华,获得艺术的审美享受,愉悦身心,是需要思考的问题。这里简单介绍鉴赏中国画的基本方法,在鉴赏过程中学会观察、体验、联想、分析、判断。

（一）社会学鉴赏

社会学鉴赏强调在中华民族传统文化观念、作者创作作品的社会背景下,体会中国画作品内在所蕴涵的思想、情感、审美情趣,感受画面整体表现出的神韵意境。

图 5-1-11　《九方皋图》　徐悲鸿

徐悲鸿,中国现代画家、美术教育家,其"以改造国画"的创新精神,创作了很多现实主义作品。《九方皋图》(图 5-1-11)创作于 1931 年,作品取材于"九方皋相马"历史故事。作者运用了丰富的笔墨塑造了主体人物九方皋和马之间视线连接,形成了传神的情态刻画,传达出九方皋看到黑色骏马内心欣喜却不动声色的性格特征。主体人物身后的小丑故作姿态,反衬出九方皋的睿智。作品借鉴融合中西写实处理手法,造型严谨。在构图上采用横向展开方式,饱满宏大,虚实稳定。人与马掩映生姿,突出每一人物性格、神情的刻画,尤其九方皋和骏马眼神的表现,可谓形神兼备。

（二）形式鉴赏

形式鉴赏强调在作品画面中观察体会细节,如笔墨、构图艺术语言的处理运用。构图和笔墨是形式鉴赏重要的分析要点。在艺术创作中,画家通过笔墨技巧进行艺术表现,构图再好,笔墨不好,不能称为成功的作品。鉴赏作品时,应观察形、色、点、线、面、笔触、肌理等绘画元素以及画面的形式组织结构。

图 5-1-12　《江南屋》　吴冠中

　　吴冠中，当代著名画家、油画家、美术教育家。吴冠中从 20 世纪 70 年代起开始中国画创作，力图运用中国传统材料工具表现现代精神，探求中国画的革新，他曾说："我一辈子断断续续总在画江南。"《江南屋》（图 5-1-12）创作于 1995 年，作品中的江南沉静优美、简约质朴，使观者能感受到浓浓的故乡情。江南民居白墙黑瓦的特点与水墨特点相吻合，房屋造型概括提炼，精练简洁，是几何抽象和房屋具象的融合。黑、白块面的体形长短、倾斜走向变化多样，疏密相间、大小对应，红、绿、黄色彩亮点状分布镶嵌，画面的构图组织结构形式感强烈，空灵、含蓄、意境油然而生。吴冠中创造出典型的江南，引人进入抽象美的领域。

　　（三）感悟鉴赏

　　感悟鉴赏强调纵观整体，品味画作的磅礴气韵、用心去欣赏，身临其境，解读作品传达的艺术境界。观者需要结合自身的经验、想象力欣赏作品，在欣赏过程中，思维可以不受限制，通过主观化的情感联想与艺术家的情感表达产生共鸣。

图 5-1-13　《江山如此多娇》　傅抱石、关山月

　　《江山如此多娇》（图 5-1-13）是傅抱石、关山月 1959 年为北京人民大会堂所绘的巨幅山水画。作品主题取自毛泽东诗词"江山如此多娇"。画面中，旭日东升，江山壮丽，表现出新中国的勃勃生机，很好地体现了诗词的意境。作品以高俯瞰视点描绘了祖国春夏秋冬不同季节的景观地貌，近景是江南青绿山川、苍松翠石，远景是白雪皑皑的北国风光，中景是连接南北的原野，长江和黄河贯穿整个画面，营造出高山平原、大河上下充满诗情画意的壮美画境。观者可以结合对祖国的热爱之情游荡于此幅画的笔墨、色彩、造型、意境之中，获得美感升华，体会祖国的壮美山河带来的自豪感。

五、思考与练习

　　1. 运用所学的中国画鉴赏方法，鉴赏一幅经典中国画作品。

　　2. 结合自己的理解谈谈对中国画艺术形式和审美特点的认识。

参考资料

　　[1] 中央美术学院美术史系中国美术史教研室. 中国美术简史（增订本）[M]. 北京：中国青年出版社，2002.

　　[2] 赵力，阮晶京. 最美中国画 100 幅 [M]. 北京：人民美术出版社，2018.

第二节　西方美术作品鉴赏

教学目标：通过对西方美术中经典艺术作品的鉴赏分析,认识和了解西方美术。

教学重点：感受西方美术中艺术作品的独特之美,提升自身的审美水平。

教学难点：通过欣赏美术作品,了解艺术家创作规律和独特的表现方法。

一、古代美术

（一）西方艺术的起源

人类最早的造型艺术产生于旧石器时代晚期。原始美术包括洞窟壁画、岩画、雕刻、建筑等,大多数现已发现的西方艺术作品集中在欧洲。考古学发现的旧石器时代的打制石器,被认为是造型艺术的起源之一。

1. 洞窟壁画

欧洲旧石器时代,最杰出的绘画作品发现于法国西南部和西班牙北部的坎特布利亚地区。其中,最具代表性的是法国的拉斯科洞窟壁画(图 5-2-1)、西班牙的阿尔塔米拉洞窟壁画(图 5-2-2)。

图 5-2-1　拉斯科洞窟壁画　　　　　图 5-2-2　阿尔塔米拉洞窟壁画

原始艺术家用粗犷简练的线条勾勒出外形轮廓,并以红、褐、黑等颜色染出动物的体积和结构。壁画中的动物描绘得非常生动,对于细节的描绘也准确有力。总体来说,拉斯科洞窟壁画风格奔放有力,阿尔塔米拉洞窟的壁画和拉斯科洞窟的壁画相比所画对象的轮廓线较细,明暗的变化和色彩渲染协调一致,更为细腻。

2. 岩画

伴随着人们对自然界认识的提高和生产工具的进步,狩猎、采集的技能得以加强,中石器时期的绘画也由洞窟壁画转为露天的岩画。绘画的题材也有所转变,描绘对象从以动物形象为主转变为以人类活动为主(图 5-2-3、图 5-2-4)。

图 5-2-3　将军崖岩画　　　　　　　图 5-2-4　拉文特岩画

（二）追求永恒的艺术

古埃及是人类古代文明的发祥地之一,是古代奴隶制国家的典型代表。等级制度在艺术上反映出来的是为法老和少数贵族服务,作用在于歌颂王权、巩固政权。古埃及艺术的特色之一就是在雕塑、绘画和建筑形式等方面仿佛遵循着同一条法则,各得其所,具有程式化的倾向。宗教也对古埃及艺术产生了影响,体现在古埃及人对陵墓的建造和装饰等方面。

浮雕《纳尔迈石板》(图5-2-5)、《猎河马》(图5-2-6)严格遵循着程式化的要求。例如,《猎河马》浮雕中,表现人物头部为正侧面,眼为正面,肩为正面,腰部以下为正侧面;横带状排列结构,用水平线划分画面,人物尊卑有序,对人物的肤色也有固定的色彩程式。

图 5-2-5　《纳尔迈石板》　　　　　图 5-2-6　《猎河马》

（三）古代世界理想美的典范

古希腊是欧洲文化的发源地,古希腊人在科学、哲学、文学、艺术上都创造了辉煌的成就。优雅、轻松的性质是该时期雕刻和绘画的特征。在古希腊艺术作品中,人物形象有着典雅宁静的气质,同时又富有运动员一样的体魄。

1. 瓶画艺术

陶瓶是古希腊人主要的日常用具和出口商品。古风时期的瓶画出现了三种风格:东方风格、黑绘风格和红绘风格。

《阿喀琉斯和埃阿斯对弈》(图5-2-7)基于荷马史诗的文化渊源,描绘了两个英雄正在帐篷里下棋的场景。艺术家在刻画人物形象时,使用的是侧面的表达方式,但是身体的表现已不再是古埃及程式化的样式了,画中人物的肢体也更加自然。

在《辞行出征的战士》(图5-2-8)中,艺术家描绘的是一个年轻武士正在披挂准备出征,他的父母站在两旁协助他的场景。此时的艺术家仍然力求把人物的轮廓画清楚,利用所知的关于人体的知识进行表现。艺术家在描绘正面直立的人物时,对于双脚的刻画,左脚出现了透视的缩短,这意味着艺术家开始着眼于所描绘对象的角度,画中盾牌的表现也出现了角度的变化。

图 5-2-7　《阿喀琉斯和埃阿斯对弈》　　图 5-2-8　《辞行出征的战士》

2. 雕刻艺术

希腊艺术繁荣时期,雕刻艺术取得了极大的成就,达到了希腊艺术的顶峰,出现了一大批优秀的雕刻家,这一时期的雕刻形成了理想化的特征,并注重表现人体结构。

米隆的《掷铁饼者》(图 5-2-9)所表现的是竞技者在掷出铁饼前一瞬间的动作。竞技者向下屈身,往后摆动手臂,准备使出最大力气,由此表现出整个运动的连续性,其重心的表现也是整个作品的重点。

雕刻家菲狄亚斯参与设计了雅典卫城建筑,创作了卫城中大量的雕刻和装饰浮雕。其作品《命运三女神》(图 5-2-10)姿态优美,在衣纹的处理上符合人体的结构,疏密得当,生机勃勃。

图 5-2-9 《掷铁饼者》 米隆

图 5-2-10 《命运三女神》 菲狄亚斯

二、欧洲文艺复兴时期美术

文艺复兴时期是指 14 至 16 世纪西欧与中欧国家文化思想发展中的一个时期。"文艺复兴"的原意是"在古典规范的影响下艺术和文学的复兴"。"文艺复兴"变化的思想基础是"关怀人、尊重人"的人文主义世界观。人文主义肯定的是"人",主张"人是生活的创造者和主人",要求文学艺术表现人的思想和感情。15 世纪末至 16 世纪中叶,是意大利文艺复兴的鼎盛时期,其文化艺术的中心也由佛罗伦萨转移到罗马,在艺术上形成了以罗马为中心的罗马画派,比较有代表性的艺术家是被称为文艺复兴三杰的达·芬奇、米开朗琪罗和拉斐尔。

(一)达·芬奇

达·芬奇,是文艺复兴时期的重要人物,代表作品有《达·芬奇自画像》(图 5-2-11)、《蒙娜丽莎》(图 5-2-12)、《最后的晚餐》(图 5-2-13)等。达·芬奇学识渊博、多才多艺,是一个博学者,在音乐、建筑、数学、生理学、动物学、植物学、天文学、地质学、物理学等领域有显著的成就。

达·芬奇的代表作品《蒙娜丽莎》以一位普通的女性作为绘画的对象,反映出人对自身的肯定,以及对美好生活的向往。《蒙娜丽莎》带给人神秘的感受,模糊不清的轮廓和柔和的色彩使得一个形状融入另一个形状,给人留下猜想的余地,梦幻的背景使得画作增添了一份神秘的色彩。

达·芬奇的另一代表作《最后的晚餐》以《圣经》中耶稣与门徒共进最后一次晚餐为题材。画面中人物的惊恐、愤怒、怀疑等神态,以及手势、眼神和行为等都刻画得精细入微、惟妙惟肖,是当时所有以此为题材的作品中最著名的一幅。《最后的晚餐》以可感可触的真实形式出现,细节描

图 5-2-11 《达·芬奇自画像》
达·芬奇

绘真实,在构图上"一字排开",动作形象轻松自然。一点透视的运用为画作增强了纵深感,具有了空间变化。画中的戏剧性从人物的动作和手势中表达出来,人物相互之间的动作和姿势联系在一起,变化中有着秩序。

图 5-2-12　《蒙娜丽莎》
达·芬奇

图 5-2-13　《最后的晚餐》　达·芬奇

(二)米开朗琪罗

作为雕塑家的米开朗琪罗(图 5-2-14)在艺术作品中倾注了自己满腔悲剧性的激情。米开朗琪罗具有令人难以置信的专一精神,他的记忆力和专注力能帮他轻而易举地画出任何一种姿势和动作。

《大卫》(图 5-2-15)总高达 5.5 米,是米开朗琪罗的代表作之一。在题材选择方面,米开朗琪罗没有像前人一样将人物表现为把敌人头颅踩在脚下的场景,而是选择了大卫迎接战斗时的场景。艺术家生动地塑造了一个为事业斗争的英雄形象:年轻、英俊、健壮,神态坚定自若,左手上举,握住搭在肩上的"抛石带",右手下垂,似将握拳,头部微俯,直视前方,准备投入战斗。

图 5-2-14　米开朗琪罗(画像)

图 5-2-15　《大卫》　米开朗琪罗

米开朗琪罗塑造出来的不仅仅是一尊雕像,更是文艺复兴人文主义思想在艺术上得到充分体现的象征。《大卫》赞美人体,讴歌正义和力量,这尊雕像被认为是西方美术史上最值得夸耀的男性人体雕像之一,亦成为后世艺术家学习雕塑的楷模。

　　1508年至1512年间,米开朗琪罗受邀创作了西斯廷礼拜堂的天顶画《创世记》(图5-2-16)。在《创世记》中,米开朗琪罗把人的生命的获得表现为两只有力的手的接触,壁画的构图处理与构思取得了一致,强调自然地安排。在绘画创作的过程中,艺术家需要准备详细的草图,再画上天顶,注重整个画面布局和谐有序。

图5-2-16　《创世记》(局部)　米开朗琪罗

(三)拉斐尔

　　拉斐尔,意大利著名画家,他的性情平和、文雅,创作了大量的圣母像,其作品洋溢着安宁、协调、和谐、对称以及完美和恬静的氛围。《雅典学院》(图5-2-17)是拉斐尔为梵蒂冈教皇宫绘制的壁画之一,画面中的古代思想家与科学家会聚在一个带有拱形门的大厅里,两边有阿波罗和雅典娜的雕像,画面的正中央是亚里士多德和柏拉图,周围还有各种姿态的学者和科学家,用各种特定的姿态各自代表自己的理论和学说,这幅作品标志着人文主义思想在文艺复兴时代美术中的最终胜利。

　　拉斐尔所画的圣母像是非常著名的,画面中的圣母形象洋溢着平静、古典、单纯的慈爱之美,引起人们对生活的憧憬。《西斯廷圣母》(图5-2-18)正是这样的一幅作品,充分体现出了圣母的端庄和爱。

图5-2-17　《雅典学院》　拉斐尔

图5-2-18　《西斯廷圣母》　拉斐尔

三、17 世纪西方美术

(一)欧洲现实主义艺术大师——伦勃朗

荷兰艺术家伦勃朗为欧洲现实主义艺术的发展作出了极其重要的贡献,也使 17 世纪的荷兰绘画在西方艺术长河中熠熠生辉。

《夜巡》(图 5-2-19)是伦勃朗的代表作之一,画面表现了射击手连队在夜间紧急集合出发的场景。整个画面色调较暗,在人物主次关系的处理上利用了舞台剧的表现手法,画面中央的两个人物就像被聚光灯照射一般显得比较突出,整个故事由此展开。画面中人物的塑造也很有特点,可以看出伦勃朗笔下的人物皆取自生活中实实在在的形象,具有现实主义气息。

图 5-2-19 《夜巡》 伦勃朗

(二)荷兰小画派代表画家——约翰内斯·维米尔

荷兰小画派所画的作品在画幅上普遍偏小,适合悬挂在室内,不表现重大题材,注重对生活细节的装饰,符合市民阶层的审美趣味。

约翰内斯·维米尔是荷兰小画派的代表画家,他的作品流露出清新、恬静的诗意,以一种抒情的感觉给人美的享受。维米尔的代表作《倒牛奶的女仆》(图 5-2-20)画面简洁,光感强烈,人物神情安详自然,色彩和谐。

图 5-2-20 《倒牛奶的女仆》 维米尔

(三)真理性画家——委拉斯开兹

17世纪西班牙画家委拉斯开兹的肖像绘画非常地成熟,他以社会不同阶层的人为对象,创作了大量的肖像画。委拉斯开兹在创作肖像画时,对于所画对象不会阿谀奉承,也不粉饰和美化,被称为真理的画家。

《教皇英诺森十世肖像》(图5-2-21)表现了英诺森十世的性格特点,色彩对比强烈,大面积红色的披肩更加衬托出教皇凶狠、狡猾的一面,主体人物大胆、真实的表现无一不反映出委拉斯开兹是一位真理性画家。

图 5-2-21 《教皇英诺森十世肖像》 委拉斯开兹

四、法国新古典主义美术和浪漫主义美术

18世纪80年代末,法国开启了动荡的政治变革时代。艺术受时代影响,古典艺术中的端庄、理想化、严肃的精神与统治阶层对艺术的要求一致,艺术家也开始追捧古典文化,这些原因导致了新古典主义画风的出现。

(一)法国新古典主义美术

雅克·路易·大卫是法国新古典主义画派的奠基人,画风严谨,技法精湛。《马拉之死》(图5-2-22)是大卫的代表作之一,描绘的是法国大革命时期遇害的领袖马拉被刺的情景。作品以严谨写实的手法表现了悲剧发生的情景——在封闭狭小的陋室里,马拉倒在浴缸中,一手握着笔,一手握着染了鲜血的信。油画的上半部笔触松散凌乱,可能是一面墙,也可能只是含糊不明的空间,代表着永恒的虚无,但那个粗糙平实的木箱,仿佛在诉说着马拉的美德。

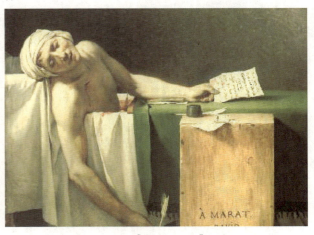

图 5-2-22 《马拉之死》 大卫

（二）法国浪漫主义美术

浪漫主义美术强调感情因素，比较明显的特点为：个性强烈、色彩鲜明、明暗强烈、笔法奔放。

籍里柯的《梅杜萨之筏》（图 5-2-23）题材来自现实生活，该画取金字塔式的构图，右下角是已被浸泡得变色的尸体，左面是抱着儿子遗体体力衰弱得无法动弹的老水手，处于上方的第三组人是坚持了数十天的幸存者。他们发现了海平面上的一点帆影，正在把最健壮的一个黑人推到高处去挥舞衣衫，那个高举红巾者代表着人民争取自由的斗争，对正义和幸福的未来的向往。

图 5-2-23 《梅杜萨之筏》 籍里柯

五、印象主义、新印象主义、后印象主义

（一）印象主义

印象主义，也称印象派，又称为"外光派"，是西方绘画史中的重要艺术流派，产生于 19 世纪 60 年代的法国。1874 年，克洛德·莫奈创作题为《日出·印象》（图 5-2-24）的油画，遭到学院派的攻击，评论家们戏称这些画家们为"印象派"。

莫奈是早期印象主义的创始人之一。在《日出·印象》这幅作品里，他注重在绘画中对外光的研究和表现，笔触未经修饰而显见，构图宽广无边，尤其着重于光影的改变、对时间的影响，并将生活中的平凡事物作为描绘对象。莫奈最重要的风格是改变了阴影和轮廓线的画法，在其画作中看不到非常明确的阴影，也看不到凸显或平涂式的轮廓线。光和影的色彩描绘是莫奈绘画的最大特色。

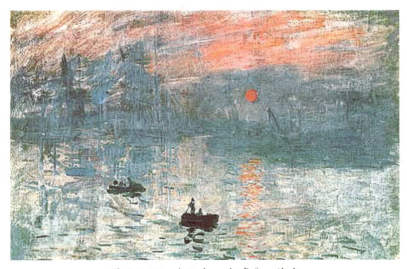

图 5-2-24 《日出·印象》 莫奈

（二）新印象主义

新印象主义和印象主义的共同点在于：画家喜欢把情节化为主题，描绘当代所熟悉的生活，题材以风景为主，注重画面光色效果等。两者的区别在于：印象主义画家强调色彩的光学混合作用，不反对色彩混合使用；新印象主义则强调不在调色板上调和各种颜色，强调严格地从色彩规律出发，把各种单纯的单色通过细小的笔触并列在画面上，经过观者的视觉作用达到自然调和，给人以冷漠和静止的感觉。例如，点彩派艺术家修拉创作的《大碗岛的星期日下午》（图 5-2-25），就是新印象主义的代表作品之一。

图 5-2-25　《大碗岛的星期日下午》　修拉

（三）后印象主义

后印象主义是法国美术史上继印象主义之后的美术现象，也称"印象派之后"或"后期印象派"，代表人物有塞尚、高更及凡·高等。

凡·高画作中的色彩都是较为奔放、夸张的，这也深深地影响了 20 世纪的表现主义和野兽派绘画。凡·高笔下的《向日葵》（图 5-2-26）富有动感的笔触，具有视觉冲击力的色彩，充满着生命力。

图 5-2-26　《向日葵》　凡·高

六、西方现代主义美术

西方现代主义美术指的是20世纪以来具有前卫特色,与传统艺术观念截然不同的各种美术思潮和流派。

(一)野兽主义

亨利·马蒂斯,法国著名画家、雕塑家、版画家,野兽派创始人和主要代表人物。马蒂斯的作品注重发挥纯色的运用,强调色彩的表现力,大面积的色块充斥在画面中间,追求一种和谐、纯粹的艺术效果(图5-2-27、图5-2-28)。

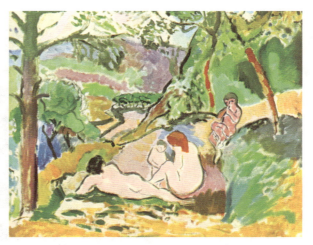

图5-2-27 《蓝色少女》 马蒂斯　　　　　　图5-2-28 《田园曲》 马蒂斯

(二)立体主义

立体主义于1907年始于法国,是西方现代艺术史上的一个运动和流派,又称"立方主义"。立体主义艺术家以多种角度来描写对象物,将其置于同一个画面之中,以此来表达对象最为完整的形象。

毕加索是西方现代派绘画的主要代表。他于1907年创作的《亚威农少女》(图5-2-29)是第一幅被认为有立体主义倾向的作品,具有里程碑意义。《亚威农少女》不仅标志着毕加索个人艺术历程中的重大转折,也是西方现代艺术史上的一次革命性突破,引发了立体主义运动的诞生。这幅作品是综合立体主义的代表作,利用多种不同素材的组合进行重新创造。

乔治·布拉克的作品《葡萄牙人》(图5-2-30)是立体主义的代表作,他将字母及数字引入绘画,采用拼贴等手法。布拉克的作品多数为静物画和风景画,画风简洁单纯,严谨而统一。

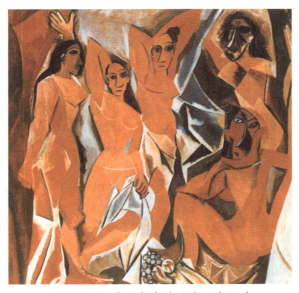

图5-2-29 《亚威农少女》 毕加索　　　　　图5-2-30 《葡萄牙人》 布拉克

（三）表现主义

表现主义艺术家通过作品着重表现内心的情感,而忽视对描写对象形式的摹写。因此,表现主义艺术往往表现为对现实扭曲和抽象化,以艺术来表达恐惧的情感。

《呐喊》(图 5-2-31)是挪威画家爱德华·蒙克创作的作品,刻画了人对孤独与死亡的恐惧感。《呐喊》共有四个版本,分别是:创作于 1893 年的第一个版本,该画为蛋清木板画;绘于 1893 年的第二个版本,该画为彩蜡木板画;创作于 1895 年的第三个版本,该画为彩粉木板画;第四个版本为蛋清木板油画。

图 5-2-31 《呐喊》 蒙克

七、思考与练习

1. 根据所学内容,谈一谈自己对西方美术作品的感受。

2. 找到自己感兴趣的西方美术作品进行赏析。

参考文献

[1]中央美术学院人文学院美术史系外国美术史教研室.外国美术简史(增订本)[M].北京:中国青年出版社,2007.

[2]贡布里希.艺术的故事[M].南宁:广西美术出版社,2015.

后　记

　　0—3岁是人生发展的奠基阶段,婴幼儿养护与教育是家长、全社会和国家当前关注的重要问题。随着我国教育事业的普及,0—3岁孩子的家长文化知识水平也不断提高,对于婴幼儿早期照护与教育事业的发展,更是十分重视。中国学前教育研究会教师发展专业委员会在推进学前教师教育质量提升的理论与实践研究的基础上,关注到我国0—3岁婴幼儿的早期教育遇到的实际问题,针对有些高等院校已经开设早期教育(0—3岁)专业,由于理论与实践不足,在课程与教材建设方面遇到困难的实际问题,决定给予帮助并作出自己的努力与贡献。

　　教师发展专委会与上海科技教育出版社从2015年开始合作,制定了高等院校早期教育(0—3岁)专业教学方案。在教学方案指导下组织专家和教师编写,并先后出版发行了《婴幼儿保健》《婴幼儿营养与喂养》《婴幼儿心理发展理论》《婴幼儿认知发展与教育》《婴幼儿语言发展与教育》《婴幼儿社会性发展与教育》《婴幼儿行为观察与分析》《婴幼儿家庭教育》《早期教育教师与家长沟通的理论与实践》《特殊婴幼儿的心理发展与保教》《婴幼儿研究方法》共11本核心课程教材,还有几本正在出版过程中。

　　2019年,针对全国开设早期教育(0—3岁)专业的高等院校已经有百余所的实际情况,教师发展专委会与上海教育出版社合作,启动了第二批早期教育(0—3岁)专业实践与艺术类教材的编写工作。此系列教材大多是实际操作类型,我们与上海人口发展协会合作组织编者队伍,共同进行教材编写工作。为了更好地为早期教育(0—3岁)专业建设服务,更好地为婴幼儿照护机构与托育人员服务,更好地为婴幼儿家长服务,我们发动了高专、高职等80余所院校和婴幼儿照护机构,以及营养、卫生、健康、艺术等领域200余名骨干教师、医疗专家参与教材编写工作,充分体现了医教结合、全国统筹、通力合作,共同构建的基本思路。为了确保教材的科学性、针对性、实用性、前瞻性,我们在全国聘请专家对每本教材从编写初期就开始指导,并实施审核。为了使早期教育(0—3岁)专业的学生有较高的素质与专业知识和综合能力,我们设置了基础性艺术类课程的教材。考虑到3—6岁幼儿园教育的衔接与连续性,部分教材设置了"0—6岁托幼一体化"的内容。

　　通过各方面的共同努力,教材进入了陆续出版发行阶段。由于我国早期教育(0—3岁)专业建设时间尚短,理论建设与实践经验都不足,教材建设遇到了不少困难,特别是新冠肺炎疫情的挑战,但是在各本教材主编的领导下,在指导专家的帮助下,在编者们的努力下,我们完成了预定目标。在此,向主编、专家、编者表示诚挚的感谢!对教材编写工作给予各种支持的医疗卫生、健康管理、营养保健、婴幼儿托育机构、幼儿园等的专家、教师、托育人员表示真诚的谢意!对编者所在院校和部门、机构的大力支持和帮助表示由衷的感谢!对上海人口协会与上海教育出版社的合作表示感谢!本系列教材引用了国内外同行的一些研究成果,在此一并表示感谢!由于系列教材编者来自全国各地,经验与水平不同,时间较紧,教材难免有缺点与不妥之处,敬请批评指正。我们会不断改进与完善。

中国学前教育研究会教师发展专业委员会

郭亦勤

2021年5月于天津师范大学学前教育学院

图书在版编目（CIP）数据

美术基础训练. 二 / 王海东，李群主编. — 上海 ：
上海教育出版社，2023.11
ISBN 978-7-5720-1831-2

Ⅰ. ①美⋯ Ⅱ. ①王⋯ ②李⋯ Ⅲ. ①学前儿童—美
术教育—高等职业教育—教材 Ⅳ. ①G613.6

中国国家版本馆CIP数据核字（2023）第227548号

特约编辑　单一丹
责任编辑　王　晔
封面设计　赖玟伊

美术基础训练（二）

王海东　李　群　主编

出版发行　上海教育出版社有限公司
官　　网　www.seph.com.cn
地　　址　上海市闵行区号景路159弄C座
邮　　编　201101
印　　刷　江阴金马印刷有限公司
开　　本　890×1240　1/16　印张 9.5
版　　次　2024年1月第1版
印　　次　2024年1月第1次印刷
书　　号　ISBN 978-7-5720-1831-2/G·1673
定　　价　49.80元

如发现质量问题，请向本社调换　电话 021-64373213